초등
국어 **어휘력이
독해력이다**

2 단
계 **B**

독해 전, 어휘 먼저 학습!

〈초등 국어 어휘력이 독해력이다 2단계 B〉는 '낱말 → 짧은 글 → 긴 글'로 이어지는 3단계 학습법으로 독해의 기본기를 다질 수 있도록 구성하였습니다.

| 1단계 〈독해 준비〉 **낱말**로 만나기 | → | 2단계 〈독해 맛보기〉 **짧은 글**로 만나기 | → | 3단계 〈독해〉 **긴 글**로 만나기 |

〈독해〉 지문 속 어휘 익히기   〈독해〉 지문 일부 맛보기   〈독해〉 하기

교과 연계!
교과 어휘 + 교과 주제

〈초등 국어 어휘력이 독해력이다 2단계 B〉는 초등 1~2학년군 〈봄〉, 〈여름〉, 〈가을〉, 〈겨울〉 교과서와 연계된 주제로 독해 지문을 구성하였습니다. 학습 어휘 또한 교과서에서 자주 사용되는 어휘를 중심으로 구성하였습니다.

교과 단원별 〈초등 국어 어휘력이 독해력이다 2단계 B〉 주제 개수

교과서	〈가을 2-2〉		〈겨울 2-2〉	
단원	**1단원**	**2단원**	**1단원**	**2단원**
주제 개수	5개 (1, 2, 6, 11, 16일차)	3개 (3, 7, 17일차)	5개 (4, 8, 9, 12, 13일차)	3개 (14, 18, 19일차)

구 성

3단계 학습	**1 낱말**로 만나기 이미지로 어휘 배우기	독해 지문 속 어휘 중 4개의 어휘를 먼저 학습합니다. 이미지를 통해 어휘의 의미 및 쓰임새를 쉽게 익힐 수 있습니다.

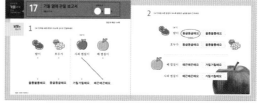

	2 짧은 글로 만나기 짧은 글로 독해 맛보기	학습 어휘가 포함된 짧은 글을 읽습니다. 2~5문장의 짧은 글을 읽고, 글을 이해했는지 확인하는 문제를 풉니다.

	3 긴 글로 만나기 긴 글로 진짜 독해하기	짧은 글이 포함된 긴 글을 읽습니다. 글을 읽고 글의 세부 내용 확인하기, 글의 흐름 이해하기, 글의 주제 파악하기 등 글을 이해하는 능력(독해력)을 기를 수 있는 문제를 풉니다. 앞서 2단계에서 독해 연습을 했기 때문에 좀 더 쉽게 독해를 할 수 있습니다.

복습	**확인 학습** 학습 어휘 쓰기	앞서 배운 학습 어휘를 직접 써 보면서 어휘를 다시 한번 확인합니다.

쉬어 가기	**쉬어가기** 배경지식 넓히기	해당 단원에서 다룬 주제와 관련된 글이나 그림 등을 통해 배경지식을 넓힐 수 있습니다.

차례

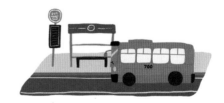

공부 계획표

주 5회, 총 4주간의 학습으로 독해력을 기를 수 있어요.
활용 방법 : 공부한 날짜를 쓰고, ◌에 색칠하세요.

1 단원

01일차 　　월　일

02일차 　　월　일

03일차 　　월　일

04일차 　　월　일

05일차 　　월　일

2 단원

06일차 　　월　일

07일차 　　월　일

08일차 　　월　일

09일차 　　월　일

10일차 　　월　일

3 단원

11일차 　　월　일

12일차 　　월　일

13일차 　　월　일

14일차 　　월　일

15일차 　　월　일

4 단원

16일차 　　월　일

17일차 　　월　일

18일차 　　월　일

19일차 　　월　일

20일차 　　월　일

1단원

강아지를 찾아요

가을 공연에 초대해요

도서관 이용 규칙

세계 여러 나라의 인사 방법

01 | 강아지를 찾아요

안내문

정답과 해설 128쪽

낱말로
만나기

1 [보기]처럼 바른 문장이 되도록 선으로 연결하세요.

[보기]

귀가   귀를   꼬리를   큰 소리로

서요.   짖어요.   긁어요.   흔들어요.

2 [보기]처럼 바른 문장이 되도록 알맞은 낱말을 골라 ○ 하세요.

귀가　흔들어요　　서요 .

[보기]

귀를　귥어요　　짖어요 .

꼬리를　흔들어요　　긁어요 .

큰 소리로　서요　　짖어요 .

짧은 글로
만나기

[강아지 '미니'를 찾아요]

- 미니는 귀가 크고 뾰족해요.

  양쪽 귀가 쫑긋 **서** 있어요.

- 미니는 뒷발로 귀를 **긁는** 버릇이 있어요.

3 미니의 양쪽 귀는 어떤 모습인가요?

쫑긋 서 있어요.

축 늘어져 있어요.

반으로 접혀 있어요.

4 미니는 뒷발로 어디를 긁는 버릇이 있나요?

코

머리

귀

[강아지 '미니'를 찾아요]

- 미니는 이름을 불러 주면 꼬리를 **흔들어요**.
- 미니는 사람이 갑자기 다가오면 큰 소리로 **짖어요**.

5 미니는 이름을 불러 주면 무엇을 흔드나요?

얼굴

꼬리

다리

6 미니는 사람이 갑자기 다가오면 어떻게 하나요?

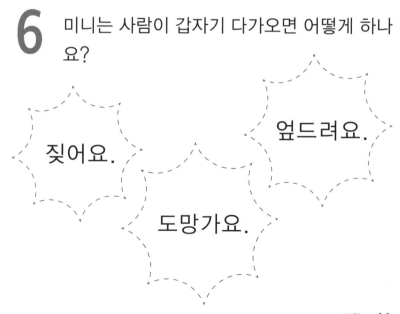

짖어요.

엎드려요.

도망가요.

안내문

강아지를 찾아요

이름	미니	종류	시베리아허스키
나이	두 살	성별	암컷
잃어버린 날짜	20○○년 9월 ○일	잃어버린 장소	올림픽 공원
특징	• 미니의 털은 회색이에요. • 미니는 귀가 크고 뾰족해요. 양쪽 귀가 쫑긋 서 있어요. 뒷발로 귀를 긁는 버릇이 있어요. • 미니는 이름을 불러 주면 꼬리를 흔들어요. 하지만 갑자기 다가가면 안 돼요. 사람이 갑자기 다가오면 미니는 큰 소리로 짖어요. • 잃어버린 날, 미니는 파란색 목줄을 하고 있었어요.		

미니를 보신 분은 010-○○○○-○○○○로 전화해 주세요.
미니의 주인 이서우의 전화번호입니다.

7 서우가 잃어버린 강아지의 이름은 무엇인가요? ○ 하세요.

미니 | 시베리아 | 암컷

8 서우는 강아지를 어디에서 잃어버렸나요? ○ 하세요.

한강 시민 공원

어린이 대공원

올림픽 공원

9 서우가 강아지를 잃어버린 날, 강아지의 모습은 어떠했나요? ○ 하세요.

10 빈칸에 들어갈 알맞은 낱말을 글에서 찾아 쓰세요.

서우가 잃어버린 ☐☐☐ 를 찾습니다.

교과 연계
가을 2-2
1단원
동네 한 바퀴

02 | 가을 공연에 초대해요
초대장

공부한 날
◯ 월　☐ 일

정답과 해설 130쪽

낱말로
만나기

1 [보기]처럼 바른 문장이 되도록 선으로 연결하세요.

[보기]

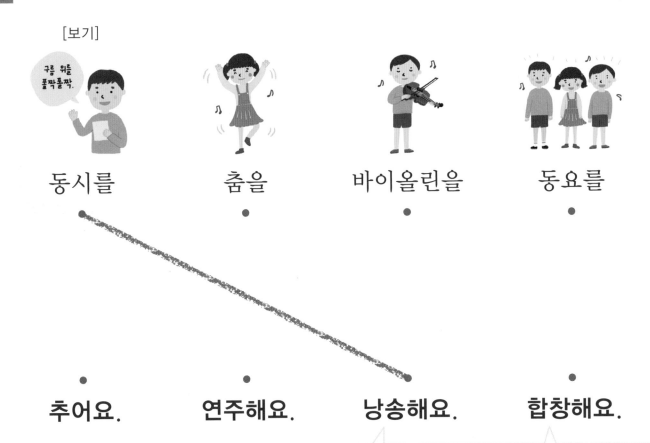

동시를　　　춤을　　　바이올린을　　　동요를

추어요.　　　연주해요.　　　낭송해요.　　　합창해요.

낭송은 글이나 시를 소리 내어 읽는 것을 말해요.

합창은 여러 사람이 함께 노래를 부르는 것을 말해요.

2 [보기]처럼 바른 문장이 되도록 빈칸에 알맞은 낱말을 골라 선으로 연결하세요.

 동시를 〔　　　〕. •   • **추어요**

 춤을 〔　　　〕. •   • **낭송해요**

[보기]

 바이올린을 〔　　　〕. •   • **합창해요**

 동요를 〔　　　〕. •   • **연주해요**

짧은 글로 만나기

[가을 공연에 초대해요]

공연 순서

1. 동시를 **낭송해요**.

2. 동요 '작은 별'에 맞추어 춤을 **추어요**.

구름 위를 폴짝폴짝.

3 가을 공연에서 무엇을 낭송하나요?

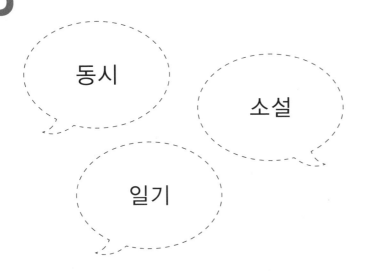

동시

소설

일기

4 가을 공연에서 어떤 동요에 맞추어 춤을 추나요?

아리랑

봄바람

작은 별

▲ 다음 글을 읽고, 질문에 알맞은 답을 골라 ○ 하세요. [5~6]

[가을 공연에 초대해요]

공연 순서

민요는 옛날부터 전해 내려오는 노래를 말해요.

3. 바이올린으로 민요 '아리랑'을 **연주해요.**

4. 전래 동요 '대문놀이'를 **합창해요.**

전래 동요는 민요 중 아이들이 즐겨 부르던 노래를 말해요.

5 가을 공연에서 어떤 악기를 연주하나요?

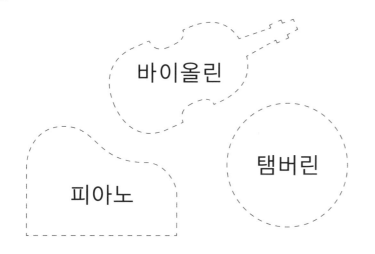

바이올린

피아노

탬버린

6 가을 공연에서 어떤 전래 동요를 합창하나요?

대문놀이

두껍아 두껍아

우리 집에 왜 왔니

초대장

긴 글로 만나기

가을 공연에 초대해요

대한 초등학교 2학년 학생들이 가을 공연을 준비했습니다. 부모님들께서는 공연에 참석하셔서 따뜻한 격려와 응원의 박수를 보내주시기 바랍니다.

격려는 용기가 생기도록 북돋워 주는 것을 말해요.

날짜 20○○년 9월 14일 ○요일, 오후 1:00~3:00

장소 대한 초등학교 강당

순서 1. 동시를 낭송해요.

2. 동요 '작은 별'에 맞추어 춤을 추어요.

3. 바이올린으로 민요 '아리랑'을 연주해요.

4. 전래 동요 '대문놀이'를 합창해요.

7 대한 초등학교의 가을 공연이 열리는 장소는 어디인가요? ○ 하세요.

강당 교실 음악실

8 가을 공연에서 바이올린으로 어떤 노래를 연주하나요? ○ 하세요.

작은 별 아리랑

대문놀이

9 가을 공연이 진행되는 순서대로 번호를 쓰세요.

1
동시 낭송

전래 동요 합창

바이올린 연주

춤추기

10 빈칸에 들어갈 알맞은 낱말을 글에서 찾아 쓰세요.

학생들의 가을 공연에 부모님들을 ☐☐ 합니다.

03 도서관 이용 규칙

설명문

정답과 해설 132쪽

낱말로 만나기

1 [보기]처럼 바른 문장이 되도록 선으로 연결하세요.

반납일은 책을 도서관에 돌려주어야 하는 날짜를 말해요.

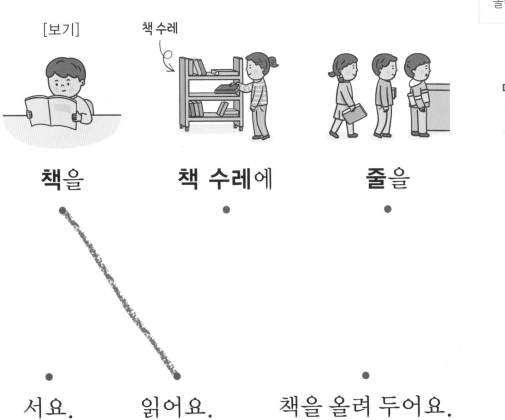

[보기]

책 수레

책을   책 수레에   줄을   반납일을

서요.   읽어요.   책을 올려 두어요.   지켜요.

2 [보기]처럼 바른 문장이 되도록 알맞은 낱말을 골라 ◯ 하세요.

책 │ 반납일 │ 을 읽어요.

줄 │ 책 수레 │ 에 책을 올려 두어요.

책 │ 줄 │ 을 서요.

[보기] 책 수레 │ ⟨반납일⟩ │ 을 지켜요.

짧은 글로
만나기

도서관은 **책**을 읽거나 빌릴 수 있는 곳이에요.

도서관에서 책을 읽고 난 후에는

제자리에 책을 꽂아 놓아요.

정해진 자리를 모를 때는 **책 수레**에 책을 올려 두어요.

3 도서관은 무엇을 읽거나 빌릴 수 있는 곳인가요?

돈

장난감

책

4 도서관에서 책을 읽고 난 후, 정해진 자리를 모를 때는 어디에 책을 올려 두나요?

책 수레

책상

계단

▲ 다음 글을 읽고, 질문에 알맞은 답을 골라 ○ 하세요. [5~6]

도서관에서 책을 빌리거나, 도서관에 책을 돌려줄 때는 차례대로 **줄**을 서요.

그리고 도서관에서 빌린 책은 **반납일**을 지켜서 도서관에 돌려주어요.

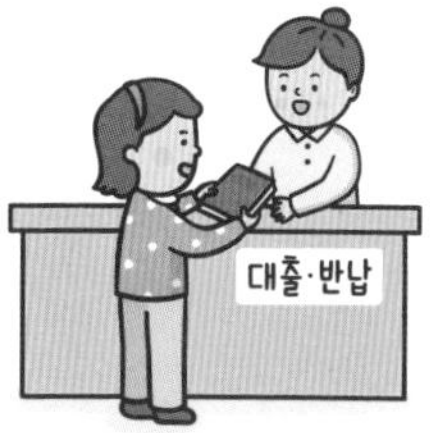

5 도서관에서 언제 차례대로 줄을 서나요? (2개)

책을 빌릴 때

책을 읽을 때

책을 돌려줄 때

6 도서관에서 빌린 책은 무엇을 지켜서 도서관에 돌려주나요?

읽은 순서

반납일

문 여는 시간

설명문

도서관 이용 규칙

긴 글로
만나기

도서관은 책을 읽거나 빌릴 수 있는 곳이에요. 여러 사람이 이용하기 때문에 지켜야 할 규칙이 있어요.

도서관에 있는 책에 낙서하거나 책을 찢으면 안 돼요. 책을 소중히 다루어야 해요.

도서관에서 책을 읽고 난 후에는 제자리에 책을 꽂아 놓아요. 정해진 자리를 모를 때는 책 수레에 책을 올려 두어요.

도서관에서 책을 빌리거나, 도서관에 책을 돌려줄 때는 차례대로 줄을 서요.

그리고 도서관에서 빌린 책은 반납일을 지켜서 도서관에 돌려주어요. 반납일을 지키지 않거나, 빌린 책을 돌려주지 않으면 다른 사람이 책을 볼 수 없어요.

7 이 글은 어떤 곳을 이용할 때 지켜야 할 규칙을 설명한 글인가요? ○ 하세요.

| 도서관 | 미술관 | 영화관 |

8 도서관에서 왜 규칙을 지켜야 하나요? ○ 하세요.

책을 살 수 있기 때문에

재미있는 책이 많기 때문에

여러 사람이 이용하기 때문에

9 도서관을 바르게 이용한 사람은 누구인가요? ○ 하세요.(2개)

책을 읽고 난 후 책 수레에 책을 올려 두었어.

세은

현수

반납일을 지켜서 책을 돌려주었어.

도서관에 있는 책에 그림을 그렸어.

유진

10 빈칸에 들어갈 알맞은 낱말을 글에서 찾아 쓰세요.

☐☐☐ 은 책을 읽거나 빌릴 수 있는 곳으로, 지켜야 할

규칙이 있습니다.

교과 연계

겨울 2-2

1단원
두근두근
세계 여행

04 | 세계 여러 나라의 인사 방법
설명문

공부한 날

○ 월 □ 일

정답과 해설 134쪽

낱말로
만나기

1

[보기]처럼 바른 문장이 되도록 선으로 연결하세요.

[보기]

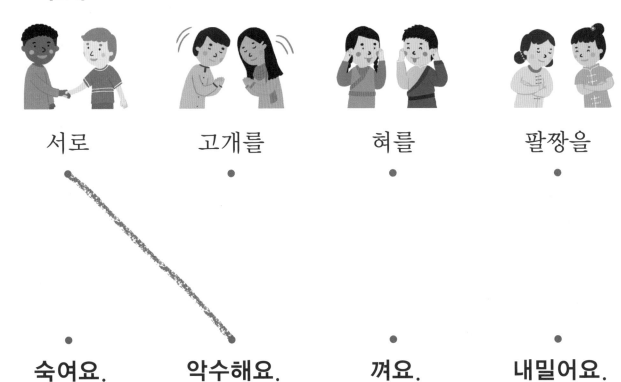

서로   고개를   혀를   팔짱을

숙여요.   악수해요.   껴요.   내밀어요.

2 [보기]처럼 바른 문장이 되도록 빈칸에 알맞은 낱말을 골라 선으로 연결하세요.

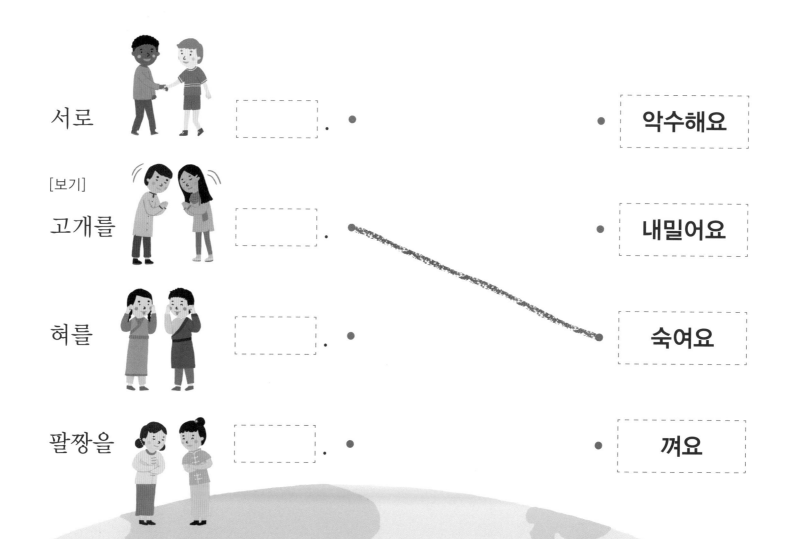

서로 [ㅤㅤ]. •　　　　　• **악수해요**

[보기]
고개를 [ㅤㅤ]. •　　　　　• **내밀어요**

혀를 [ㅤㅤ]. •　　　　　• **숙여요**

팔짱을 [ㅤㅤ]. •　　　　　• **껴요**

짧은 글로
만나기

나라마다 인사 방법이 달라요.

미국에서는 서로 **악수해요**.

인도에서는 두 손을 가슴 앞에 마주 대고,

고개를 **숙여** 인사해요.

인도

3 인사할 때 악수하는 나라는 어디인가요?

인도

미국

티베트

4 인도에서는 두 손을 어디에 마주 대고 인사
하나요?

가슴 앞

머리 위

무릎 위

나라마다 인사 방법이 달라요.

티베트에서는 귀를 잡아당기고, 혀를 **내밀어** 인사해요.

미얀마에서는 팔짱을 **끼고**, 고개를 숙여 인사해요.

티베트

5 티베트에서는 귀를 잡아당기고, 무엇을 내밀어 인사하나요?

엉덩이

손

혀

6 팔짱을 끼고, 고개를 숙여 인사하는 나라는 어디인가요?

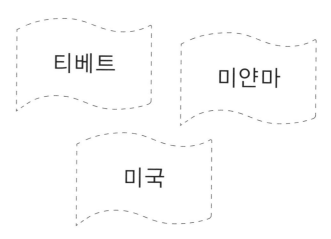

티베트

미얀마

미국

설명문

긴글로
만나기

세계 여러 나라의 인사 방법

세계에는 여러 나라가 있고, 나라마다 인사 방법이 달라요.

미국에서는 서로 악수해요. 서로 한 손을 마주 잡고 인사하는 것을 '악수'라고 해요. 인도에서는 두 손을 가슴 앞에 마주 대고, 고개를 숙여 인사해요. 티베트에서는 귀를 잡아당기고, 혀를 내밀어 인사해요. 미얀마에서는 팔짱을 끼고, 고개를 숙여 인사해요.

> **존중**은 의견이나 사람을 높여 매우 중요하게 대하는 것을 말해요.

티베트에서 인사할 때 혀를 내미는 것은 상대방을 존중한다는 뜻이에요. 미얀마에서 인사할 때 팔짱을 끼는 행동도 상대방을 존중한다는 뜻이지요.

나라마다 인사 방법은 다르지만 상대방을 존중하는 마음이 담겨 있다는 점은 같아요.

7 서로 한 손을 마주 잡고 인사하는 것을 무엇이라고 하나요? ○ 하세요.

세배   만세   악수

8 미얀마에서 인사할 때 팔짱을 끼는 행동은 어떤 뜻인가요? ○ 하세요.

상대방을 존중한다는 뜻

상대방을 싫어한다는 뜻

상대방을 좋아한다는 뜻

9 세계 여러 나라의 인사 방법이에요. <u>잘못된</u> 것을 골라 ○ 하세요.(2개)

미국

티베트

인도

미얀마

10 빈칸에 들어갈 알맞은 낱말을 글에서 찾아 쓰세요.

나라마다 ☐☐ 방법이 다릅니다.

★ 강아지를 찾아요.

● 빈칸에 알맞은 낱말을 [보기]에서 골라 쓰세요.

| [보기] | 긁어요 | 서요 | 짖어요 | 흔들어요 |

귀가 　서　　　.

귀를 　긁　　　　.

꼬리를 　흔　　　　.

큰 소리로 　짖　　　.

★ 학생들이 가을 공연을 해요.

● 빈칸에 알맞은 낱말을 [보기]에서 골라 쓰세요.

| [보기] | 낭송해요 | 연주해요 | 추어요 | 합창해요 |

동시를 　낭　□　□　.

춤을 　추　□　.

바이올린을 　연　□　□　.

동요를 　합　□　□　.

★ 도서관 이용 규칙을 알아보아요.

● 빈칸에 알맞은 낱말을 [보기]에서 골라 쓰세요.

[보기]	반납일	줄	책	책 수레

 ☐ 을 읽어요.

 책 ☐☐ 에 책을 올려 두어요.

 ☐ 을 서요.

반 ☐☐ 을 지켜요.

★ 세계 여러 나라의 인사 방법을 알아보아요.

● 빈칸에 알맞은 낱말을 [보기]에서 골라 쓰세요.

| [보기] | 껴요 | 내밀어요 | 숙여요 | 악수해요 |

서로 악 □ □ □ .

고개를 숙 □ □ .

미국

인도

티베트

미얀마

혀를 내 □ □ □ .

팔짱을 껴 □ .

세계 여러 나라의 인사 방법

프랑스

프랑스에서는 인사할 때 서로 끌어안고 양쪽 뺨을 번갈아 마주 대요. 그리고 '봉주르'라고 말하며 인사해요.

중국

중국에서는 인사할 때 두 손을 가슴 앞에 모으고, 한 손으로 주먹을 쥐고 다른 손으로 주먹을 감싸요. 그리고 '니하오'라고 말하며 인사해요.

타이

타이에서는 인사할 때 두 손을 가슴 앞에 가지런히 모아요. 그리고 남자는 '사와디캅', 여자는 '사와디카'라고 말하며 인사해요.

2단원

06 | 우리 동네를 소개해요
생활문

공부한 날
○ 월 □ 일

정답과 해설 136쪽

낱말로
만나기

1

[보기]처럼 바른 문장이 되도록 선으로 연결하세요.

[보기]

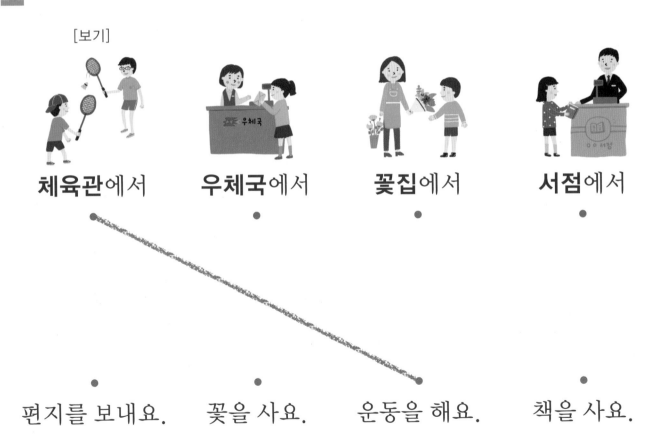

체육관에서　　**우체국**에서　　**꽃집**에서　　**서점**에서

편지를 보내요.　　꽃을 사요.　　운동을 해요.　　책을 사요.

2 [보기]처럼 바른 문장이 되도록 알맞은 낱말을 골라 ◯하세요.

┌╌╌╌╌╌┐ ┌╌╌╌╌╌┐
┊ **체육관** ┊ ┊ **서점** ┊ 에서
└╌╌╌╌╌┘ └╌╌╌╌╌┘

운동을 해요.

┌╌╌╌╌╌┐ ┌╌╌╌╌╌┐
┊ **체육관** ┊ ┊ **꽃집** ┊ 에서
└╌╌╌╌╌┘ └╌╌╌╌╌┘

꽃을 사요.

[보기]

┌╌╌╌╌╌┐ ┌╌╌╌╌╌┐
┊ **꽃집** ┊ ┊ **우체국** ┊ 에서
└╌╌╌╌╌┘ └╌╌╌╌╌┘

편지를 보내요.

┌╌╌╌╌╌┐ ┌╌╌╌╌╌┐
┊ **서점** ┊ ┊ **우체국** ┊ 에서
└╌╌╌╌╌┘ └╌╌╌╌╌┘

책을 사요.

▲ 다음 글을 읽고, 질문에 알맞은 답을 골라 ○ 하세요. [3~4]

짧은 글로 만나기

저는 강민아예요. 우리 동네에는 체육관, 우체국 등 주민들이 이용하는 다양한 곳이 있어요.

체육관에서는 운동을 할 수 있어요.

우체국에서는 편지를 보낼 수 있어요.

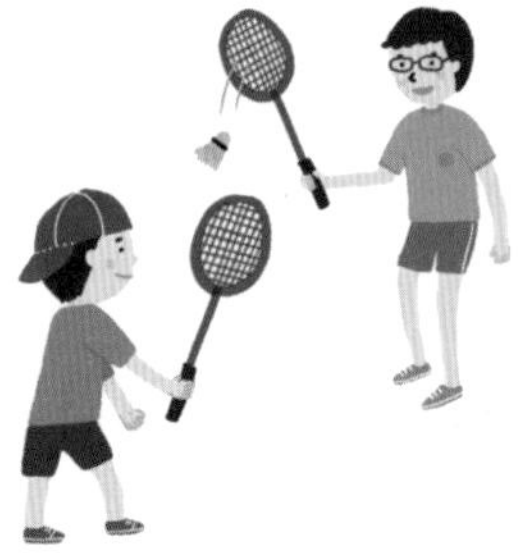

3 민아네 동네에서 운동을 할 수 있는 곳은 어디인가요?

체육관

우체국

미용실

4 민아네 동네에서 편지를 보낼 수 있는 곳은 어디인가요?

학교

서점

우체국

저는 강민아예요. 우리 동네에는 꽃집, 서점 등
주민들이 이용하는 다양한 곳이 있어요.
꽃집에서는 꽃을 살 수 있어요.
서점에서는 책을 살 수 있어요.

5 민아네 동네의 꽃집에서는 무엇을 살 수 있나요?

꽃

책

음식

6 민아네 동네의 서점에서는 무엇을 살 수 있나요?

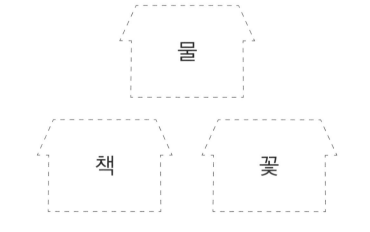

물

책

꽃

생활문

긴글로 만나기

우리 동네를 소개해요

저는 강민아예요. 우리 동네를 소개할게요. 우리 동네에는 체육관, 우체국, 꽃집, 서점 등 주민들이 이용하는 다양한 곳이 있어요.

체육관에서는 운동을 할 수 있어요. 저는 체육관에서 배드민턴이나 줄넘기를 해요.

우체국에서는 편지를 보낼 수 있어요. 저는 외국에 있는 친구에게 편지를 보내기 위해 우체국에 가요.

꽃집에서는 꽃을 살 수 있어요. 저는 어버이날이 되면 부모님께 드릴 카네이션을 꽃집에서 사요.

서점에서는 책을 살 수 있어요. 저는 이번 주말에 부모님과 함께 서점에 가서 동화책을 살 거예요.

7 민아가 소개한 곳은 어디인가요? ○ 하세요.(2개)

체육관

서점

주민 센터

8 민아는 외국에 있는 친구에게 편지를 보내기 위해 어디에 가나요? ○ 하세요.

우체국

체육관

서점

9 민아가 가야 할 곳은 어디인가요? ○ 하세요.

어버이날이니까 부모님께 드릴 카네이션을 사야지.

민아

우체국

체육관

꽃집

서점

10 빈칸에 들어갈 알맞은 낱말을 글에서 찾아 쓰세요.

민아네 ☐☐ 에는 체육관, 우체국, 꽃집, 서점 등이 있습니다.

교과 연계
가을 2-2
2단원
가을아 어디 있니

07 | **벼농사를 짓는 방법**
설명문

공부한 날
 월 일

정답과 해설 138쪽

낱말로
만나기

1 [보기]처럼 바른 문장이 되도록 선으로 연결하세요.

[보기]

씨앗을   싹을   농약을   벼를

●   ●   ●   ●

│

●   ●   ●   ●

심어요.   베어요.   옮겨요.   뿌려요.

2

[보기]처럼 바른 문장이 되도록 알맞은 낱말을 골라 ◯ 하세요.

씨앗을 ⌐ 옮겨요 ⌐ 심어요 ⌐ .

벼를 ⌐ 심어요 ⌐ 베어요 ⌐ .

싹을 ⌐ 뿌려요 ⌐ 옮겨요 ⌐ .

[보기]

농약을 ⌐ 베어요 ⌐ (뿌려요) ⌐ .

짧은 글로
만나기

벼농사는 봄에 시작해서 가을에 끝나요.
봄에는 흙을 담은 판에 씨앗을 **심어요**.
싹이 자라면 논에 **옮겨** 심지요.

3 벼농사를 지을 때, 봄에는 흙을 담은 판에 무엇을 심나요?

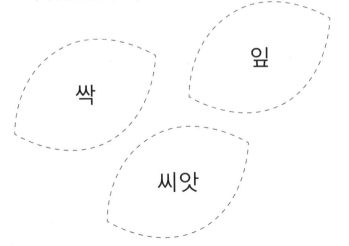

잎

싹

씨앗

4 벼농사를 지을 때, 싹이 자라면 어디에 옮겨 심나요?

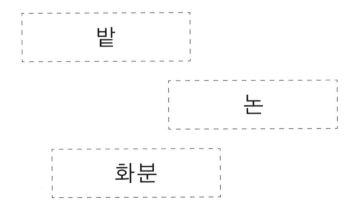

밭

논

화분

벼농사는 봄에 시작해서 가을에 끝나요.

여름에는 농약을 **뿌려요**.

가을에는 누렇게 익은 벼를 **베어서** 거두어들여요.

5 벼농사를 지을 때, 여름에는 무엇을 뿌리나요?

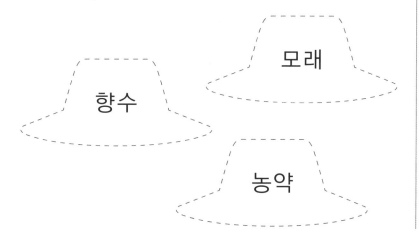

향수

모래

농약

6 벼농사를 지을 때, 언제 누렇게 익은 벼를 베어서 거두어들이나요?

봄	여름
가을	겨울

설명문

긴 글로 만나기

벼농사를 짓는 방법

벼농사는 봄에 시작해서 가을에 끝나요.

봄에는 씨앗을 심어요. 먼저 흙을 담은 판에 씨앗을 심어요. 그리고 싹이 자라면 논에 옮겨 심지요. 이렇게 싹을 옮겨 심는 것을 '모내기'라고 해요. 모내기를 하면 튼튼한 싹만 옮겨 심을 수 있어요.

여름에는 농약을 뿌려요. 벼 주변에 잡초가 있거나 벼를 갉아 먹는 벌레가 있으면 벼가 잘 자랄 수 없어요. 농약을 뿌려서 잡초가 자라지 않게 하고, 해로운 벌레도 없애지요. 이렇게 하면 여름 내내 벼가 무럭무럭 자라요.

가을에는 누렇게 익은 벼를 베어서 거두어들여요. 이것을 '추수'라고 해요. 그리고 거두어들인 이삭의 껍질을 벗겨 내는데, 그 알맹이가 바로 쌀이에요.

이삭은 벼나 보리 등의 곡식에서, 꽃이 피고 열매가 열리는 부분을 말해요.

7 벼농사를 지을 때, 언제 모내기를 하나요? ○ 하세요.

봄	여름
가을	겨울

8 벼농사를 지을 때, 무엇을 없애려고 농약을 뿌리나요? ○ 하세요.

흙	이삭

해로운 벌레

9 벼농사를 짓는 순서대로 번호를 쓰세요.

1

씨앗 심기

추수하기

농약 뿌리기

모내기하기

10 빈칸에 들어갈 알맞은 낱말을 글에서 찾아 쓰세요.

☐ 농사는 봄에 시작해서 가을에 끝납니다.

08 | **프랑스 여행**
기행문

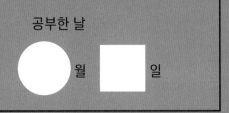
정답과 해설 140쪽

낱말로
만나기

1 [보기]처럼 바른 문장이 되도록 선으로 연결하세요.

[보기]

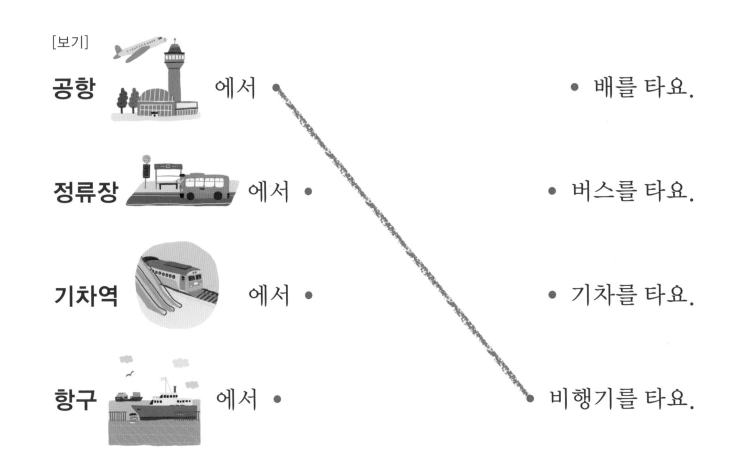

공항 ··········· 에서 •   • 배를 타요.

정류장 ········· 에서 •   • 버스를 타요.

기차역 ········· 에서 •   • 기차를 타요.

항구 ··········· 에서 •   • 비행기를 타요.

2 [보기]처럼 바른 문장이 되도록 알맞은 낱말을 골라 ◯ 하세요.

공항 　 항구 에서 비행기를 타요.

기차역 　 정류장 에서 버스를 타요.

기차역 　 공항 에서 기차를 타요.

[보기]

정류장 　 (항구) 에서 배를 타요.

짧은 글로
만나기

[은찬이의 기행문]

12월 27일 : 인천 **공항**에서 비행기를 타고 프랑스에 갔다.

12월 28일 : 프랑스의 파리에 도착했다.

　　　　　정류장에서 버스를 타고 에펠 탑을 보러 갔다.

3 '12월 27일'에 은찬이는 어디에서 비행기를 탔나요?

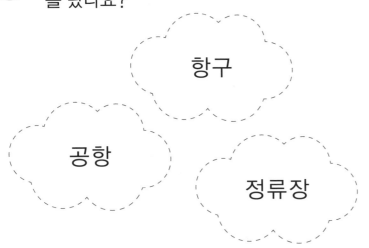

항구

공항

정류장

4 '12월 28일'에 은찬이는 정류장에서 무엇을 탔나요?

버스

기차

비행기

[은찬이의 기행문]

12월 29일: **기차역**에서 기차를 타고 마르세유에 갔다.
마르세유에서 바다도 구경하고,
항구에서 배도 탔다.

5 '12월 29일'에 은찬이는 어디에서 기차를 탔나요?

공항

기차역

항구

6 '12월 29일'에 은찬이는 항구에서 무엇을 탔나요?

배

기차

비행기

긴 글로
만나기

기행문

제목	프랑스 여행	학년/반/이름	2학년 1반 정은찬
12월 27일	부모님과 함께 인천 공항에서 비행기를 타고 프랑스에 갔다.		
12월 28일	아침에 프랑스의 파리에 도착했다. 호텔에 짐을 내려놓고, 정류장에서 버스를 타고 에펠 탑을 보러 갔다. 에펠 탑은 철로 만들어진 탑으로, 프랑스를 대표하는 탑이다. 에펠 탑을 실제로 보니 사진보다 훨씬 크고 멋있었다. 우리 가족은 에펠 탑 전망대에도 올라갔다. 전망대에서 보니 파리의 모습이 아주 잘 보였다. 그리고 파리가 장난감 마을처럼 작아 보여서 신기했다.		
12월 29일	파리의 기차역에서 기차를 타고 마르세유에 갔다. 마르세유에서 바다도 구경하고, 항구에서 배도 탔다. 그리고 맛있는 생선 요리도 먹었다.		

7 은찬이네 가족은 언제 에펠 탑 전망대에 올라갔나요? ○ 하세요.

12월 27일	12월 28일

12월 29일

8 은찬이는 무엇을 타고 마르세유에 갔나요? ○ 하세요.

배	기차	버스

9 은찬이가 프랑스를 여행한 순서대로 번호를 쓰세요.

1	인천 공항에서 비행기 타기
	마르세유의 항구에서 배 타기
	파리의 기차역에서 기차 타기
	파리의 정류장에서 버스 타기

10 빈칸에 들어갈 알맞은 낱말을 글에서 찾아 쓰세요.

은찬이는 ☐☐☐의 파리와 마르세유를 여행했습니다.

09 | 이글루를 지어요
설명문

정답과 해설 142쪽

낱말로
만나기

1 [보기]처럼 바른 문장이 되도록 선으로 연결하세요.

[보기]

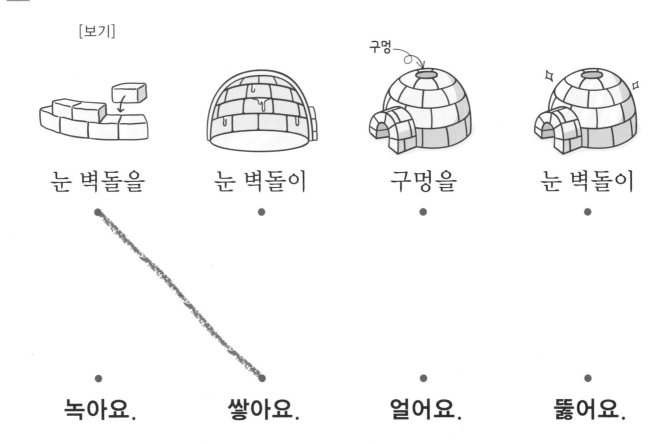

눈 벽돌을   눈 벽돌이   구멍을   눈 벽돌이

녹아요.   쌓아요.   얼어요.   뚫어요.

2 [보기]처럼 바른 문장이 되도록 빈칸에 알맞은 낱말을 골라 선으로 연결하세요.

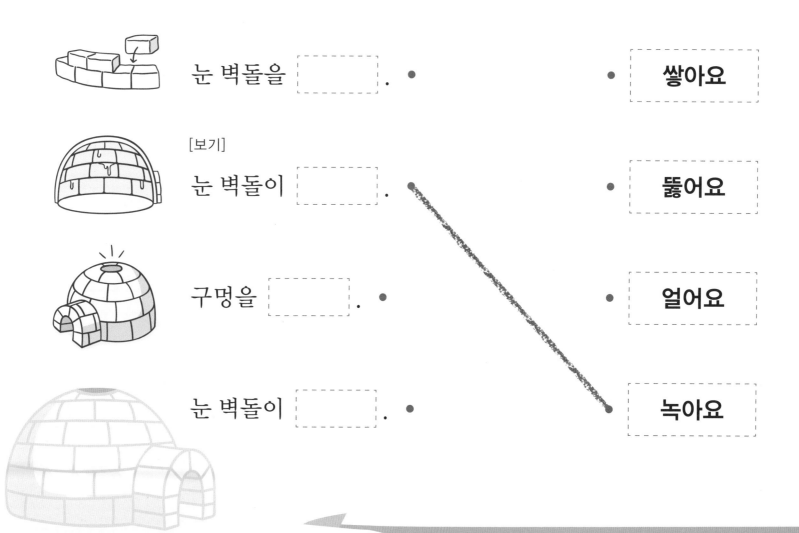

눈 벽돌을 ⬚ .　•

[보기]
눈 벽돌이 ⬚ .　•

구멍을 ⬚ .　•

눈 벽돌이 ⬚ .　•

•　**쌓아요**

•　**뚫어요**

•　**얼어요**

•　**녹아요**

짧은 글로
만나기

이글루를 지을 때는 먼저 눈을 벽돌 모양으로 잘라요.

그다음 눈 벽돌을 **쌓아** 이글루를 지어요.

이글루를 튼튼하게 하기 위해 이글루 안에서 불을 피워요.

불을 피우면 눈 벽돌이 **녹아서** 물방울이 흘러내려요.

3 무엇을 쌓아 이글루를 짓나요?

나무

짚

눈 벽돌

4 이글루 안에서 불을 피우면 눈 벽돌이 어떻게 되나요?

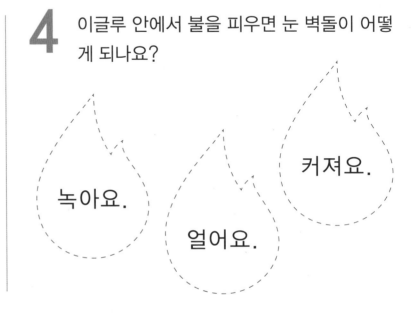

녹아요.

얼어요.

커져요.

이글루 안에서 불을 피우면 물방울이 흘러내려요.
이때 불을 끄고, 지붕에 구멍을 **뚫어요**.
구멍을 뚫으면 이글루 안으로 찬 바람이 들어와서
눈 벽돌이 다시 **얼어요**.

5 이글루의 어디에 구멍을 뚫나요?

창문

입구

지붕

6 이글루 안으로 찬 바람이 들어오면 눈 벽돌이 어떻게 되나요?

부서져요.

녹아요.

얼어요.

설명문

이글루를 지어요

눈이나 얼음으로 만든 집을 '이글루'라고 해요. 얼음과 눈으로 만들었지만, 안은 따뜻해요. 이글루는 어떻게 지을까요?

먼저 눈을 벽돌 모양으로 잘라요. 그다음 눈 벽돌을 쌓아 이글루를 지어요. 이글루 아래쪽에 문도 만들어요.

이글루를 지은 다음에는 이글루를 튼튼하게 만드는 작업을 해요. 먼저 이글루 안에서 불을 피워요. 밖에서 차가운 바람이 불기 때문에, 불을 피워도 이글루는 녹지 않아요. 불을 피우면 눈 벽돌이 녹아서 물방울이 벽을 타고 흘러내려요. 이때 불을 끄고, 지붕에 구멍을 뚫어요. 구멍을 뚫으면 이글루 안으로 찬 바람이 들어와서 눈 벽돌이 다시 얼어요. 그러면 눈 벽돌들이 단단하게 붙고, 이글루도 튼튼해지지요.

7 이글루는 무엇으로 만든 집인가요? ○ 하세요.(2개)

모래

눈

얼음

8 이글루를 만들 때, 먼저 눈을 어떤 모양으로 자르나요? ○ 하세요.

지붕 모양

물방울 모양

벽돌 모양

9 이글루에 대해 <u>잘못</u> 말한 사람은 누구인가요? ○ 하세요.

이글루는 눈이나 얼음으로 만들었지만 안은 따뜻해.

지호

정우

이글루의 문은 지붕에 있어.

이글루 안에서 불을 피워도 이글루는 녹지 않아.

민아

10 빈칸에 들어갈 알맞은 낱말을 글에서 찾아 쓰세요.

눈이나 얼음으로 만든 집을 [ ] 라고 합니다.

공부한 날

월

일

정답과 해설 161쪽

★ 우리 동네를 소개해요.

● 빈칸에 알맞은 낱말을 [보기]에서 골라 쓰세요.

| [보기] | 꽃집 | 서점 | 우체국 | 체육관 |

 체　　에서 운동을 해요.

우　　에서 편지를 보내요.

 꽃　에서 꽃을 사요.

서　에서 책을 사요.

★ 벼농사를 짓는 방법이에요.

● 빈칸에 알맞은 낱말을 [보기]에서 골라 쓰세요.

| [보기] | 베어요 | 뿌려요 | 심어요 | 옮겨요 |

씨앗을 심⬜⬜ .

싹을 옮⬜⬜ .

농약을 뿌⬜⬜ .

벼를 베⬜⬜ .

★ 은찬이가 프랑스를 여행했어요.

● 빈칸에 알맞은 낱말을 [보기]에서 골라 쓰세요.

[보기]	공항	기차역	정류장	항구

| 공 | | 에서 비행기를 타요. |

| 정 | | 에서 버스를 타요. |

| 기 | | 에서 기차를 타요. |

| 항 | | 에서 배를 타요. |

★ 이글루를 짓는 방법이에요.

● 빈칸에 알맞은 낱말을 [보기]에서 골라 쓰세요.

[보기]	녹아요	뚫어요	쌓아요	얼어요

눈 벽돌을  쌓　　 .

눈 벽돌이  녹　　 .

구멍을  뚫　　 .

눈 벽돌이  얼　　 .

기행문에 들어가야 할 내용

프랑스 여행

❶ 여정	• 12월 27일, 부모님과 함께 인천 공항에서 비행기를 타고 프랑스에 갔다. • 12월 28일, 프랑스의 파리에 도착했다. 정류장에서 버스를 타고 에펠 탑을 보러 갔다.
❷ 견문	• 에펠 탑은 철로 만들어진 탑으로, 프랑스를 대표하는 탑이다. • 에펠 탑 전망대에 올라갔다. 전망대에서 보니 파리의 모습이 아주 잘 보였다.
❸ 감상	• 에펠 탑을 실제로 보니 사진보다 훨씬 크고 멋있었다. • 에펠 탑 전망대에서 보니 파리의 모습이 장난감 마을처럼 보여서 신기했다.

　기행문은 여행을 하면서 보고, 듣고, 느끼고, 겪은 것을 적은 글이에요. 기행문에는 여정, 견문, 감상이 들어가야 해요.

❶ **여정 :** '여정'은 여행의 과정을 말해요. 누구와 언제, 어디에, 어떻게 가는지 등을 써요.

❷ **견문 :** '견문'은 여행을 하면서 보고, 듣고, 겪은 내용을 말해요. 견문이 잘 드러나야 재미있는 기행문이 돼요.

❸ **감상 :** '감상'은 여행을 하면서 떠올린 생각이나 느낀 점을 말해요. 사람마다 생각이나 느낀 점이 다르기 때문에 글쓴이에 따라 감상의 내용이 달라져요.

3단원

교과 연계
가을 2-2
1단원
동네 한 바퀴

11 | 소금 장수와 기름 장수
전래 동화

공부한 날
월 일

정답과 해설 144쪽

낱말로
만나기

1 [보기]처럼 바른 문장이 되도록 선으로 연결하세요.

등잔은 기름을 담아 등불을 켜는 데에 쓰는 그릇을 말해요.

[보기]

등잔

소금 장수를   등잔불을   등잔이   가마니 뒤에

켜요.   엎어져요.   잡아먹어요.   숨어요.

2 [보기]처럼 바른 문장이 되도록 알맞은 낱말을 골라 ◯ 하세요.

소금 장수를 | 엎어져요 | 잡아먹어요 | .

[보기] 등잔불을 | 켜요 | 숨어요 | .

등잔이 | 엎어져요 | 켜요 | .

가마니 뒤에 | 숨어요 | 잡아먹어요 | .

짧은 글로
만나기

호랑이가 소금 장수와 기름 장수를 **잡아먹었어요.**

소금 장수와 기름 장수는 호랑이 배 속에서 만났어요.

기름 장수는 호랑이 배 속이 어둡다며

등잔불을 **켰어요**.

3 호랑이가 누구를 잡아먹었나요?(2개)

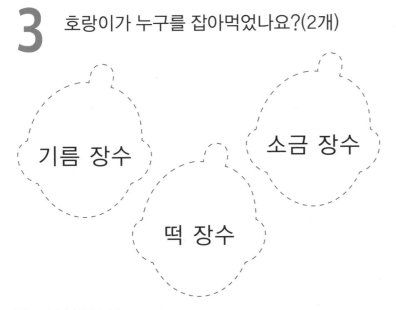

기름 장수

소금 장수

떡 장수

4 기름 장수가 호랑이 배 속에서 무엇을 켰나요?

전등

선풍기

등잔불

▲ 다음 글을 읽고, 질문에 알맞은 답을 골라 ○ 하세요. [5~6]

기름 장수가 호랑이 배 속에서 등잔불을 켰어요.

그런데 등잔이 **엎어져서** 호랑이 배 속에 불이 붙었어요.

기름 장수와 소금 장수는 소금 가마니 뒤에 **숨어**

불을 피했어요.

5 왜 호랑이 배 속에 불이 붙었나요?

등잔이 엎어져서

소금 장수를 잡아먹어서

호랑이가 불을 삼켜서

6 호랑이 배 속에 불이 붙자, 소금 장수와 기름 장수는 어디에 숨었나요?

등잔 아래

기름통 뒤

소금 가마니 뒤

긴 글로 만나기

전래 동화

소금 장수와 기름 장수

옛날에 커다란 호랑이가 살았어요. 어느 날, 호랑이는 소금 가마니를 둘러메고 가는 소금 장수를 한입에 잡아먹었어요. 그리고 기름 항아리를 들고 가는 기름 장수도 잡아먹었지요.

소금 장수와 기름 장수는 호랑이 배 속에서 만났어요. 기름 장수는 호랑이 배 속이 어둡다며 등잔불을 켰어요. 그런데 등잔이 엎어져서 호랑이 배 속에 불이 붙었어요. 두 사람은 소금 가마니 뒤에 숨어 불을 피했어요. 호랑이는 배 속이 뜨거워져서 괴로웠어요.

"아이고, 뜨거워! 호랑이 죽네! 호랑이 살려!"

호랑이는 결국 죽고 말았어요. 소금 장수와 기름 장수는 호랑이의 입을 열고, 밖으로 나왔어요. 그리고 죽은 호랑이를 나란히 어깨에 둘러메고 마을로 돌아왔어요.

7 소금 장수와 기름 장수는 어디에서 만났나요? ○ 하세요.

마을 입구

소금 가게

호랑이 배 속

8 호랑이는 배 속에 불이 붙었을 때, 어떤 표정을 지었을까요? ○ 하세요.

괴로운 표정

설레는 표정

졸린 표정

9 빈칸에 들어갈 알맞은 내용은 무엇인가요? ○ 하세요.

호랑이가 기름 장수를 잡아먹었어요.
↓

↓
호랑이 배 속에 불이 붙었어요.

기름 장수가 등잔불을 켰어요.

호랑이가 죽었어요.

기름 장수가 마을로 돌아왔어요.

10 빈칸에 들어갈 알맞은 낱말을 글에서 찾아 쓰세요.

호랑이가 [　][　] 장수와 [　][　] 장수를 잡아먹었습니다.

12 까만 콩 민철이

동화

정답과 해설 146쪽

낱말로
만나기

1

[보기]처럼 바른 문장이 되도록 선으로 연결하세요.

[보기]

피부색이	민철이를	문제를	한글을
•	•	•	•
•	•	•	•
달라요.	**틀려요.**	**가르쳐요.**	**가리켜요.**

2 [보기]처럼 바른 문장이 되도록 알맞은 낱말을 골라 ○ 하세요.

피부색이 [달라요 | 틀려요] .

문제를 [달라요 | 틀려요] .

[보기]

민철이를 [가르쳐요 | (가리켜요)] .

한글을 [가르쳐요 | 가리켜요] .

짧은 글로
만나기

민철이는 친구들과 피부색이 **달라요**. 피부색이 까맣지요.

어머니가 아프리카의 가나 사람이고,

아버지가 한국 사람이기 때문이에요.

친구들은 민철이를 **가리키며** '까만 콩'이라고 놀렸어요.

3 민철이는 친구들과 무엇이 다른가요?

학교

피부색

담임 선생님

4 친구들이 민철이를 가리키며 무엇이라고
놀렸나요?

번개 콩

초록 콩

까만 콩

민철이는 아프리카의 가나에서 오랫동안 살아서
한글을 잘 몰랐어요.
그래서 받아쓰기 시험에서 문제를 많이 **틀렸어요**.
담임 선생님께서 민철이에게 한글을 **가르쳐** 주셨어요.

5 민철이는 어떤 시험에서 문제를 많이 틀렸
나요?

수학

받아쓰기

한자

6 담임 선생님께서 민철이에게 무엇을 가르쳐
주셨나요?

한글

수학

영어

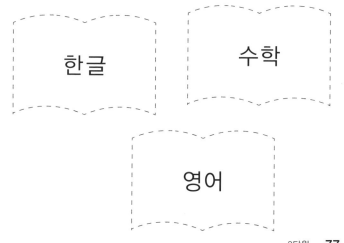

동화

긴 글로
만나기

까만 콩 민철이

민철이는 친구들과 피부색이 달라요. 피부색이 까맣지요. 어머니가 아프리카의 가나 사람이고, 아버지가 한국 사람이기 때문이에요. 친구들은 민철이를 가리키며 '까만 콩'이라고 놀렸어요.

민철이는 가나에서 오랫동안 살아서 한글을 잘 몰랐어요. 그래서 받아쓰기 시험에서 문제를 많이 틀렸지요. 민철이는 속상했어요. 담임 선생님께서 민철이에게 한글을 가르쳐 주셨어요. 민철이는 열심히 공부해서 받아쓰기 시험에서 구십 점을 맞았어요. 민철이는 기뻐서 날아갈 것 같았어요.

오늘 민철이는 친구들과 축구 시합을 했어요.

"우아, 민철이 좀 봐. 진짜 빠르다. 번개 같아!"

친구들이 민철이를 '번개 콩'이라고 부르기 시작했어요. 민철이는 기분이 정말 좋았어요.

7 민철이는 어디에서 오랫동안 살았나요? ○ 하세요.

| 미국 | 가나 | 중국 |

8 축구 시합 이후로 친구들이 민철이를 무엇이라고 부르기 시작했나요? ○ 하세요.

| 번개 콩 | 까만 콩 | 빨간 콩 |

9 민철이의 마음을 <u>잘못</u> 이야기한 사람은 누구인가요? ○ 하세요.

민철이는 받아쓰기 문제를 많이 틀렸을 때, 속상했어.
민아

 민철이는 받아쓰기 시험에서 구십 점을 맞았을 때, 기뻤어.
정희

민철이는 친구들이 '번개 콩'이라고 불렀을 때, 슬펐어.
지호

10 빈칸에 들어갈 알맞은 낱말을 글에서 찾아 쓰세요.

친구들은 [   ] 색이 까만 민철이를 가리키며 '까만 콩'이라고 놀렸습니다.

교과 연계
겨울 2-2
1단원
두근두근
세계 여행

13 | **피노키오**
동화

공부한 날
⬤ 월 ☐ 일

정답과 해설 148쪽

낱말로
만나기

1 [보기]처럼 바른 문장이 되도록 선으로 연결하세요.

[보기]

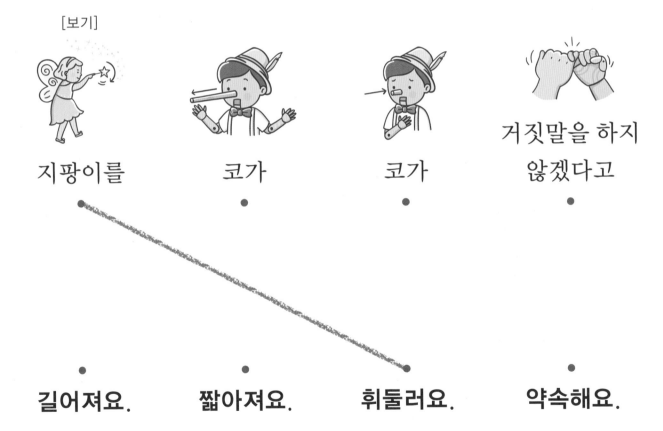

지팡이를   코가   코가   거짓말을 하지 않겠다고

길어져요.   짧아져요.   휘둘러요.   약속해요.

2 [보기]처럼 바른 문장이 되도록 알맞은 낱말을 골라 ◯ 하세요.

지팡이를 | 약속해요 | 휘둘러요 |.

코가 | 길어져요 | 짧아져요 |.

코가 | 길어져요 | 짧아져요 |.

[보기]

거짓말을 하지 않겠다고 (약속해요) | 휘둘러요 |.

짧은 글로
만나기

요정이 피노키오에게 왜 학교에 가지 않았냐고 물었어요.
"여우가 저를 끌고 왔어요."
요정이 피노키오를 향해 요술 지팡이를 **휘둘렀어요**.
그러자 피노키오의 코가 **길어졌어요**.
"피노키오야, 네 코가 길어진 걸 보니 거짓말이구나!"

3 요정이 피노키오를 향해 무엇을 휘둘렀나요?

나무 막대

요술 지팡이

붓

4 요정이 요술 지팡이를 휘두르자 피노키오의 무엇이 길어졌나요?

팔

다리

코

▲ 다음 글을 읽고, 질문에 알맞은 답을 골라 ○ 하세요. [5~6]

피노키오는 깜짝 놀라서 솔직하게 말했어요.

요정이 다시 지팡이를 휘두르자

길어졌던 피노키오의 코가 **짧아졌어요**.

피노키오는 거짓말을 하지 않겠다고, 요정과 **약속했어요**.

5 요정이 다시 지팡이를 휘두르자 피노키오의 코가 어떻게 되었나요?

길어졌어요.

짧아졌어요.

없어졌어요.

6 피노키오는 무엇을 하지 않겠다고 요정과 약속했나요?

장난

거짓말

지각

긴 글로
만나기

동화

피노키오

어느 날 아침, 피노키오는 학교에 가지 않고 여우를 따라 인형극을 보러 갔어요. 요정이 나타나 피노키오에게 왜 학교에 가지 않았냐고 물었어요.

"학교에 가려고 했어요! 그런데 여우가 저를 끌고 왔어요."

요정이 피노키오를 향해 요술 지팡이를 휘둘렀어요. 그러자 피노키오의 코가 길어졌어요.

"피노키오야, 네 코가 길어진 걸 보니 거짓말이구나!"

피노키오는 깜짝 놀라서 솔직하게 말했어요.

"사실은 학교에 가기 싫었어요. 그래서 여우를 따라 왔어요."

요정이 다시 지팡이를 휘두르자 피노키오의 코가 짧아졌어요. 피노키오는 거짓말을 하지 않겠다고, 요정과 새끼손가락을 걸고 약속했어요.

7 피노키오는 여우를 따라 무엇을 보러 갔나요? ○ 하세요.

| 마술 | 영화 | 인형극 |

8 피노키오는 누구와 새끼손가락을 걸고 약속했나요? ○ 하세요.

| 요정 | 선생님 | 여우 |

9 피노키오가 다음과 같이 행동했을 때, 코가 어떻게 되었나요? 선으로 연결하세요.

| 거짓말을 했을 때 | 솔직하게 말했을 때 |

●　　　　　　　　●

●　　　　　　　　●

10 빈칸에 들어갈 알맞은 낱말을 글에서 찾아 쓰세요.

피노키오는 　　　　　을 하지 않겠다고 약속했습니다.

14 동물들의 겨울나기

인형극 대본

공부한 날

월 일

정답과 해설 150쪽

낱말로
만나기

1

[보기]처럼 바른 문장이 되도록 선으로 연결하세요.

[보기]

토끼가

곰이

알집

사마귀 알이

번데기

애벌레가

털갈이를
해요.

알집에
싸여 있어요.

겨울잠을
자요.

번데기가
되어요.

2 [보기]처럼 바른 문장이 되도록 빈칸에 알맞은 낱말을 골라 선으로 연결하세요.

토끼가 [ ]를 해요. •

겨울잠

[보기]

곰이 [ ]을 자요. •

털갈이

사마귀 알이 [ ]에 싸여 있어요. •

번데기

애벌레가 [ ]가 되어요. •

알집

짧은 글로
만나기

[인형극 대본]

추운 겨울이 다가오자 동물들이 겨울나기를 준비한다.

토끼: 나는 겨울이 되면 **털갈이**를 해.

곰: 나는 겨울이 되면 동굴에서 **겨울잠**을 자.

3 겨울이 되면 털갈이를 하는 동물은 무엇인가요?

토끼

사마귀

애벌레

4 곰은 겨울이 되면 어디에서 겨울잠을 자나요?

물속

알집

동굴

[인형극 대본]

추운 겨울이 다가오자 동물들이 겨울나기를 준비한다.

사마귀: 사마귀 알은 **알집**에 싸여 겨울을 지내.

애벌레: 나는 겨울이 되면 **번데기**가 되지.

5 사마귀 알은 무엇에 싸여 겨울을 지내나요?

바위 밑

땅속

알집

6 애벌레는 겨울이 되면 무엇이 되나요?

올챙이

번데기

알

인형극 대본

동물들의 겨울나기

추운 겨울이 다가오자 동물들이 겨울나기를 준비한다.

토끼: (깡충깡충 뛰어오며) 나는 겨울이 되면 털갈이를 해. 오래
된 털이 빠지고, 새로운 털이 나. 그래서 따뜻하게 겨울을
보낼 수 있지.

곰: (동굴로 어슬렁어슬렁 걸어가며) 나는 겨울이 되면 동굴에
서 겨울잠을 자.

사마귀: (알집을 토닥토닥 두드리며) 사마귀 알은 어미 사마귀가
만든 이 알집에 싸여 겨울을 지내.

애벌레: (꾸물꾸물 기어가며) 나는 겨울이 되면 번데기가 되지.
따뜻한 봄이 오면 나비가 되어서 하늘을 날아다닐 거야.

동물들이 봄에 만나자는 인사를 하고, 헤어진다.

7 동물들이 무엇을 준비하고 있나요? ○ 하세요.

| 겨울나기 | 여름나기 |

8 애벌레는 봄이 오면 무엇이 된다고 했나요? ○ 하세요.

| 벌 | 나비 | 잠자리 |

9 동물들이 겨울나기를 준비해요. <u>잘못된</u> 것은 무엇인가요? ○ 하세요.

나는 털갈이를 해.

토끼

나는 나무 위에서 겨울잠을 자.

곰

사마귀 알은 알집에 싸여 겨울을 지내.

사마귀

나는 번데기가 되지.

애벌레

10 빈칸에 들어갈 알맞은 낱말을 글에서 찾아 쓰세요.

토끼, 곰, 사마귀, 애벌레가 ⬜⬜⬜⬜ 를 준비합니다.

★ 소금 장수와 기름 장수의 이야기예요.

● 빈칸에 알맞은 낱말을 [보기]에서 골라 쓰세요.

[보기]	숨어요	엎어져요	잡아먹어요	켜요

소금 장수를 잡　　　.

등잔불을 켜　.

등잔이 엎　　.

가마니 뒤에  숨　　.

★ '까만 콩' 민철이의 이야기예요.

● 빈칸에 알맞은 낱말을 [보기]에서 골라 쓰세요.

| [보기] | 가르쳐요 | 가리켜요 | 달라요 | 틀려요 |

피부색이 달　　.

문제를 틀　　.

민철이를 가　　　.

한글을 가　　　.

★ 피노키오의 이야기예요.

● 빈칸에 알맞은 낱말을 [보기]에서 골라 쓰세요.

[보기]   길어져요   약속해요   짧아져요   휘둘러요

지팡이를 [휘] [ ] [ ] [ ] .

코가 [길] [ ] [ ] [ ] .

코가 [짧] [ ] [ ] [ ] .

거짓말을 하지 않겠다고 [약] [ ] [ ] [ ] .

★ 동물들의 겨울나기를 알아보아요.

● 빈칸에 알맞은 낱말을 [보기]에서 골라 쓰세요.

[보기]　　　겨울잠　　　　번데기　　　　알집　　　　털갈이

토끼가 털　　　를 해요.

곰이 겨　　　을 자요.

사마귀 알이 알　　에 싸여 있어요.

애벌레가 번　　　가 되어요.

동물들의 겨울잠

뱀

뱀은 땅속이나 바위 밑에서 겨울잠을 자요. 봄이 될 때까지 깨지 않고, 잠만 자요.

박쥐

박쥐는 동굴의 천장에 매달린 채로 겨울잠을 자요. 바깥 온도가 체온보다 더 낮아지면 날개를 움직이면서 체온을 높여요.

다람쥐

다람쥐는 땅속이나 나무 밑에서 겨울잠을 자요. 겨울잠을 잘 때 깊게 자지 않고, 중간에 일어나서 먹이를 먹기도 해요.

4단원

16 | 병원에 갔어요
생활문

정답과 해설 152쪽

낱말로
만나기

1

[보기]처럼 바른 문장이 되도록 선으로 연결하세요.

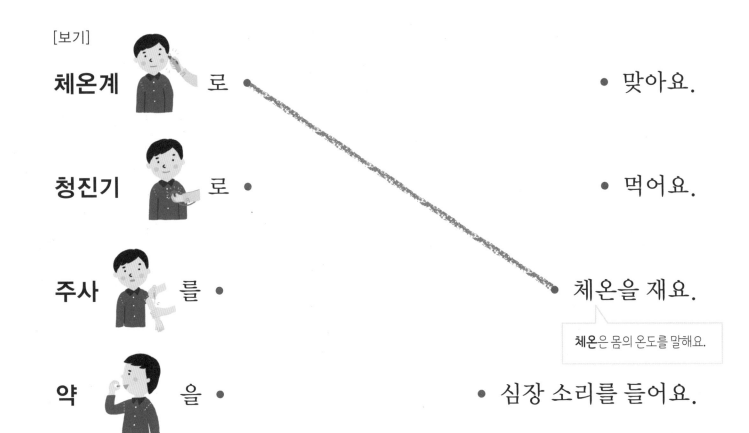

[보기]

체온계 로 • ─── • 체온을 재요.

청진기 로 •   • 맞아요.

주사 를 •   • 먹어요.

약 을 •   • 심장 소리를 들어요.

> 체온은 몸의 온도를 말해요.

2 [보기]처럼 바른 문장이 되도록 알맞은 낱말을 골라 ○ 하세요.

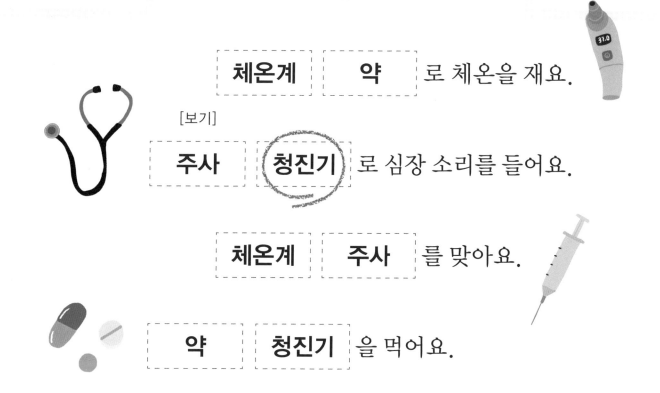

체온계 　약 　로 체온을 재요.

[보기]

주사 　청진기 　로 심장 소리를 들어요.

체온계 　주사 　를 맞아요.

약 　청진기 　을 먹어요.

짧은 글로
만나기

준우가 이비인후과에 갔어요.

의사 선생님께서 **체온계**로 준우의 체온을 재셨어요.

그리고 준우의 가슴에 **청진기**를 대고

심장 소리를 들으셨어요.

3 의사 선생님은 무엇으로 준우의 체온을 쟀나요?

주사기

청진기

체온계

4 의사 선생님은 청진기로 어떤 소리를 들었나요?

심장 소리

피아노 소리

파도 소리

의사 선생님께서 준우가 목감기에 걸렸다고 하셨어요.

준우는 씩씩하게 **주사**를 맞았어요.

저녁에는 밥을 먹은 다음 **약**도 먹었어요.

5 준우는 씩씩하게 무엇을 맞았나요?

함박눈

비

주사

6 준우는 저녁에 밥을 먹은 다음 무엇을 먹었나요?

과일

약

얼음

생활문

긴 글로
만나기

병원에 갔어요

준우는 아침부터 열이 나고, 목 안이 간지럽고, 기침도 했어요. 그래서 어머니와 함께 이비인후과에 갔어요.

의사 선생님께서 체온계로 준우의 체온을 재셨어요. 그리고 준우의 가슴에 청진기를 대고 심장 소리를 들으셨어요. 준우의 입과 목 안쪽도 살펴보셨어요. 의사 선생님께서 준우가 목감기에 걸렸다고 하셨어요.

준우는 씩씩하게 주사를 맞았어요. 집으로 돌아온 후, 저녁에는 밥을 먹은 다음 약도 먹었어요.

"준우가 주사도 잘 맞고, 약도 잘 먹는구나! 대단하네."

어머니의 칭찬을 들은 준우는 어깨가 으쓱했어요. 벌써 목감기가 다 나은 것 같은 기분이 들었지요.

7 준우는 어떤 병원에 갔나요? ○ 하세요.

이비인후과 │ 치과

정형외과

8 준우는 언제 약을 먹었나요? ○ 하세요.

아침 │ 점심

저녁

9 의사 선생님이 설명하는 '이것'은 무엇인가요? ○ 하세요.

'이것'은 몸 안에서 나는 소리를 듣기 위해 사용하는 도구야. 가슴에 대면 심장 소리를 들을 수 있지.

의사

체온계 │ 청진기

주사 │ 약

10 빈칸에 들어갈 알맞은 낱말을 글에서 찾아 쓰세요.

준우는 ☐☐ 에 가서 체온을 재고, 주사도 맞았습니다.

교과 연계
가을 2-2
2단원
가을아 어디 있니

17 | **가을 열매 관찰 보고서**
관찰 보고서

공부한 날

월 일

정답과 해설 154쪽

낱말로
만나기

1 [보기]처럼 바른 문장이 되도록 선으로 연결하세요.

[보기]

밤이   호두가   사과 껍질이   배 껍질이

울퉁불퉁해요.   동글동글해요.   거칠거칠해요.   매끈매끈해요.

2 [보기]처럼 바른 문장이 되도록 알맞은 낱말을 골라 ◯ 하세요.

[보기]

밤이 　**동글동글해요**　　**울퉁불퉁해요**　.

호두가 　**동글동글해요**　　**울퉁불퉁해요**　.

배 껍질이 　**매끈매끈해요**　　**거칠거칠해요**　.

사과 껍질이 　**매끈매끈해요**　　**거칠거칠해요**　.

짧은 글로
만나기

[가을 열매 관찰 보고서]

● 밤은 뾰족뾰족한 밤송이 안에 들어 있다.
밤은 **동글동글하다**.

● 호두는 단단하고 두꺼운 껍데기 안에 들어 있다.
호두는 **울퉁불퉁하다**.

3 밤송이 안에 들어 있고, 동글동글한 열매는
무엇인가요?

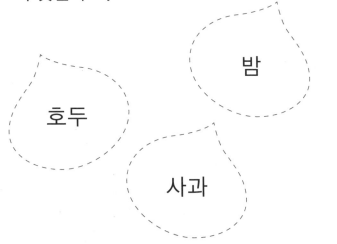

호두

밤

사과

4 호두는 어떤 모양인가요?

울퉁불퉁해요.

매끈매끈해요.

거칠거칠해요.

[가을 열매 관찰 보고서]

- 사과는 빨간색이고 둥근 모양이다.
  껍질이 **매끈매끈하다**.

- 배는 노란색이고 둥근 모양이다.
  껍질이 **거칠거칠하다**.

5 껍질이 매끈매끈한 열매는 무엇인가요?

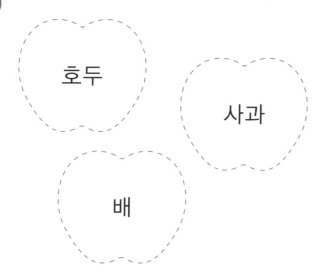

호두

사과

배

6 배는 껍질이 어떤가요?

거칠거칠해요.

매끈매끈해요.

뾰족뾰족해요.

긴 글로 **만나기**

관찰 보고서

제목	가을 열매 관찰 보고서	학년/반/이름	2학년 2반 신소영
날짜	20○○년 10월 ○일 ○요일	준비물	다양한 가을 열매, 돋보기, 연필
관찰 방법	1. 밤, 호두, 사과, 배와 같은 다양한 가을 열매를 준비한다. 2. 가을 열매를 관찰한다. 3. 관찰한 내용을 관찰 보고서에 쓴다.		
관찰 내용	• 밤: 밤은 뾰족뾰족한 밤송이 안에 들어 있다. 　　　밤은 동글동글하다. 고소한 맛이 난다. • 호두: 호두는 단단하고 두꺼운 껍데기 안에 들어 있다. 　　　호두는 울퉁불퉁하다. 고소하고 씁쓸한 맛이 난다. • 사과: 사과는 빨간색이고 둥근 모양이다. 　　　껍질이 매끈매끈하다. 새콤하고 단맛이 난다. • 배: 배는 노란색이고 둥근 모양이다. 　　　껍질이 거칠거칠하다. 달고 시원한 맛이 난다.		
느낀 점	여러 가지 모양의 가을 열매를 관찰할 수 있어서 즐거웠다. 또 열매마다 맛이 다 다른 것도 재미있었다.		

7 어떤 계절에 볼 수 있는 열매에 대한 관찰 보고서인가요? ○ 하세요.

| 봄 | 여름 |
| 가을 | 겨울 |

8 소영이가 관찰한 가을 열매가 <u>아닌</u> 것은 무엇인가요? ○ 하세요.

| 밤 | 호두 |
| 사과 | 배 | 대추 |

9 가을 열매를 바구니에 담았어요. 어떤 열매를 담았는지 ○ 하세요.

빨간색이고, 껍질이 매끈매끈해요.

| 밤 | 호두 |
| 사과 | 배 |

10 빈칸에 들어갈 알맞은 낱말을 글에서 찾아 쓰세요.

에는 밤, 호두, 사과, 배와 같은 열매가 열립니다.

18 | 빨간 코 루돌프

동시

낱말로
만나기

정답과 해설 156쪽

1

[보기]처럼 바른 문장이 되도록 선으로 연결하세요.

[보기]

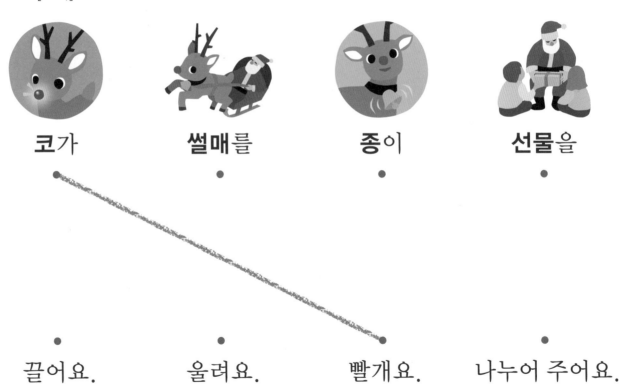

코가   썰매를   종이   선물을

끌어요.   울려요.   빨개요.   나누어 주어요.

2 [보기]처럼 바른 문장이 되도록 알맞은 낱말을 골라 ◯하세요.

 종 코 가 빨개요.

코 썰매 를 끌어요.

 선물 종 이 울려요.

[보기]  썰매 을 나누어 주어요.

짧은 글로
만나기

나는 빨간 **코** 루돌프.

안개 낀 크리스마스 새벽,

산타클로스가 탄 **썰매**를 끌고 하늘을 날아요.

3 루돌프의 코는 어떤 색깔인가요?

빨간색

노란색

파란색

4 루돌프는 누가 탄 썰매를 끌었나요?

친구들

아이들

산타클로스

나는 빨간 코 루돌프.

썰매를 끌자 목에 달린 **종**이 울려요.

산타클로스가 왔어요.

아이들에게 **선물**을 나누어 주어요.

5 루돌프가 썰매를 끌자 무엇이 울렸나요?

천둥

전화벨

종

6 산타클로스는 아이들에게 무엇을 나누어 주었나요?

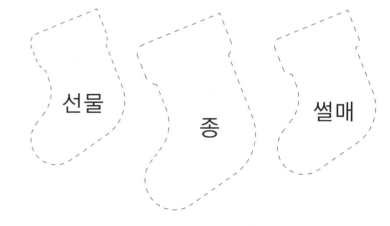

선물

종

썰매

동시

긴 글로 만나기

빨간 코 루돌프

나는 빨간 코 루돌프
반짝반짝 빛나는 빨간 코 루돌프

안개 낀 크리스마스 새벽
산타클로스가 탄 썰매를 끌고 하늘을 날아요
반짝반짝 빛나는 빨간 코로
안개 낀 하늘을 밝게 비추어요

썰매를 끌자 목에 달린 종이 울려요
딸랑딸랑 종소리로 알려요
산타클로스가 왔어요
아이들에게 선물을 나누어 주어요

자랑스러운 나의 빨간 코
나는 빨간 코 루돌프

7 루돌프는 언제 산타클로스가 탄 썰매를 끌었나요? ○ 하세요.

크리스마스   설날

추석

8 루돌프는 자신의 무엇을 자랑스러워했나요? ○ 하세요.

커다란 뿔   빨간 코

튼튼한 다리

9 루돌프는 어떤 모습인가요? ○ 하세요.

10 빈칸에 들어갈 알맞은 낱말을 글에서 찾아 쓰세요.

　　　　의 코는 반짝반짝 빛나는 빨간 코입니다.

19 | 겨울철 식물 보호하기
일기

정답과 해설 158쪽

낱말로
만나기

1 [보기]처럼 바른 문장이 되도록 선으로 연결하세요.

볏짚은 벼의 알맹이를 떨어내고 남은 줄기예요.

[보기]

비닐

영양제

볏짚

물을 **영양제**를 **비닐**을 **볏짚**을

꽂아요. 주어요. 둘러요. 씌워요.

2 [보기]처럼 바른 문장이 되도록 알맞은 낱말을 골라 ○하세요.

| 물 | | 영양제 | 을 주어요.

[보기]

| 비닐 | | **영양제** | 를 꽂아요.

| 볏짚 | | 비닐 | 을 씌워요.

| 볏짚 | | 물 | 을 둘러요.

짧은 글로
만나기

[준우의 일기]

오늘 나는 우리 집 마당에 있는 식물이
겨울을 잘 보낼 수 있도록 도와주었다.
나는 화분에 **물**을 주고, **영양제**도 꽂았다.

3 준우는 식물이 어떤 계절을 잘 보낼 수 있도록 도와주었나요?

봄	여름
가을	겨울

4 준우는 어디에 물을 주고, 영양제도 꽂았나요?

마당

화분

나무

[준우의 일기]

오늘 나는 우리 집 마당에 있는 식물이

겨울을 잘 보낼 수 있도록 도와주었다.

나는 큰 화분에 **비닐**을 씌우고, 나무에는 **볏짚**을 둘렀다.

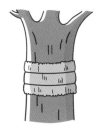

5 준우는 큰 화분에 무엇을 씌웠나요?

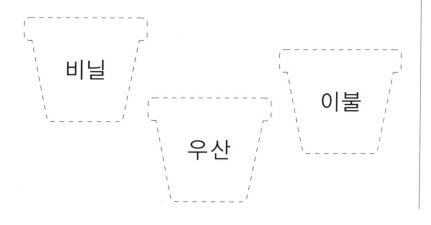

비닐

우산

이불

6 준우는 무엇에 볏짚을 둘렀나요?

꽃

화분

나무

긴 글로
만나기

일기

제목	겨울철 식물 보호하기	학년/반/이름	2학년 2반 강준우
날짜	20◯◯년 11월 ◯일 ◯요일	날씨	맑음

오늘 나는 아버지와 함께 우리 집 마당에 있는 식물이 겨울을 잘 보낼 수 있도록 도와주었다. 먼저 마당에 있는 작은 화분을 집 안으로 가져왔다. 작은 식물은 겨울에 얼어 죽을 수도 있기 때문이다. 그리고 화분에 물을 주고, 영양제도 꽂았다. 식물도 영양분을 먹어야 튼튼해진다고 아버지께서 알려 주셨다.

큰 화분에는 비닐을 씌워서 차가운 바람을 막아 주었다. 나무에는 볏짚을 둘렀다. 겨울 동안 볏짚에 해로운 벌레가 모여드는데, 봄에 볏짚을 태우면 벌레가 없어져서 나무가 건강하게 자랄 수 있다고 아버지께서 알려 주셨다.

식물이 겨울을 잘 보낼 수 있도록 도와주었더니 매우 뿌듯했다.

7 준우는 무엇이 겨울을 잘 보낼 수 있도록 도와주었나요? ○ 하세요.

| 새 | 식물 | 물고기 |

8 준우는 큰 화분에 왜 비닐을 씌웠나요? ○ 하세요.

차가운 바람을 막기 위해

영양분을 주기 위해

해로운 벌레를 잡기 위해

9 빈칸에 들어갈 알맞은 것은 무엇인가요? ○ 하세요.

식물도 영양분을 먹어야 튼튼해져. ☐ 를 주면 식물이 겨울을 잘 보낼 수 있어.

준우

| 물 | 영양제 |

| 비닐 | 볏짚 |

10 빈칸에 들어갈 알맞은 낱말을 글에서 찾아 쓰세요.

준우는 ☐☐ 이 겨울을 잘 보낼 수 있도록 도와주었습니다.

공부한 날

월

일

정답과 해설 163쪽

★ 준우가 병원에 갔어요.

● 빈칸에 알맞은 낱말을 [보기]에서 골라 쓰세요.

| [보기] | 약 | 주사 | 청진기 | 체온계 |

 체 __ __ 로 체온을 재요.

청 __ __ 로 심장 소리를 들어요.

 주 __ 를 맞아요.

__ 을 먹어요.

★ 가을 열매를 관찰해 보아요.

● 빈칸에 알맞은 낱말을 [보기]에서 골라 쓰세요.

[보기]	거칠거칠해요	동글동글해요	매끈매끈해요	울퉁불퉁해요

밤이 　동　　　　　 .

호두가 　울　　　　　 .

배 껍질이 　거　　　　　 .

사과 껍질이 　매　　　　　 .

★ 빨간 코를 가진 루돌프의 이야기예요.

● 빈칸에 알맞은 낱말을 [보기]에서 골라 쓰세요.

[보기]	선물	썰매	종	코

 ☐ 가 빨개요.

썰☐ 를 끌어요.

 ☐ 이 울려요.

선☐ 을 나누어 주어요.

★ 겨울철에 식물을 보호하는 방법이에요.

● 빈칸에 알맞은 낱말을 [보기]에서 골라 쓰세요.

[보기]	물	볏짚	비닐	영양제

☐ 을 주어요.

영☐☐ 를 꽂아요.

비☐ 을 씌워요.

볏☐ 을 둘러요.

농작물을 수확하는 방법

과수원에서

과수원은 과일나무를 심어 놓은 밭이에요. 나무마다 열린 사과나 배를 손으로 따요.

밭에서

밭은 곡식이나 채소를 심어 농사를 짓는 땅이에요. 밭에서 자란 배추를 손으로 뽑아요.

논에서

논은 물을 채워 벼농사를 짓는 땅이에요. 기계를 이용해 벼를 한꺼번에 거두어들이기도 해요.

정답과 해설

이렇게 지도해 주세요.

본책 [낱말로 만나기]의 1, 2번 문항에 나오는 문장들은 [긴 글로 만나기]의 지문에서 발췌한 것입니다.

이 문장들은 사전적 정의 및 예문을 참고하였습니다. 이는 어휘가 문장 안에서 어떻게 쓰이는지, 어휘의 쓰임을 정확하게 알려 주기 위해서입니다.

따라서 문학적으로 허용한다면 1, 2번 문항의 문장은 다양하게 만들어질 수 있습니다. 이 점 고려하여 아이들을 지도해 주시기 바랍니다.

부가 학습 자료

www.keymedia.co.kr

키출판사 홈페이지를 통해 부가 학습 자료를 이용하실 수 있습니다.

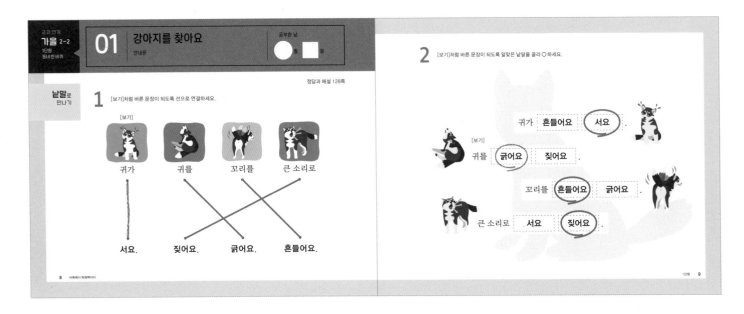

〈안내문〉

안내문은 어떤 내용을 다른 사람에게 알려 주기 위해 쓴 글이에요. 이 글은 잃어버린 강아지를 찾기 위해 강아지에 대한 정보를 알려 주는 글이에요.

➕ 더 알아보기

강아지를 기를 때 주의해야 할 점

• 강아지와 산책할 때는 반드시 목줄을 매요.
• 강아지의 건강을 위해 동물 병원에서 예방 접종을 해요.
• 강아지를 데리고 공공장소에 갈 때는 출입이 가능한 곳인지 꼭 확인해요.

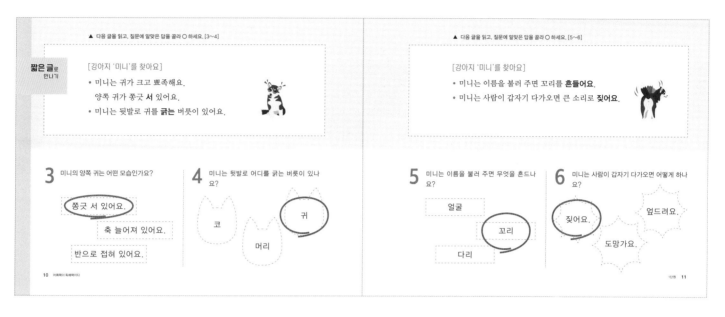

짧은 글로 만나기

[강아지 '미니'를 찾아요]
• 미니는 귀가 크고 뾰족해요.
  양쪽 귀가 쫑긋 서 있어요.
• 미니는 뒷발로 귀를 긁는 버릇이 있어요.

3 미니의 양쪽 귀는 어떤 모습인가요?

쫑긋 서 있어요.

축 늘어져 있어요.

반으로 접혀 있어요.

4 미니는 뒷발로 어디를 긁는 버릇이 있나요?

코 / 머리 / 귀

10 어휘력이 독해력이다

[강아지 '미니'를 찾아요]
• 미니는 이름을 불러 주면 꼬리를 흔들어요.
• 미니는 사람이 갑자기 다가오면 큰 소리로 짖어요.

5 미니는 이름을 불러 주면 무엇을 흔드나요?

얼굴 / 꼬리 / 다리

6 미니는 사람이 갑자기 다가오면 어떻게 하나요?

짖어요. / 엎드려요. / 도망가요.

1단원 11

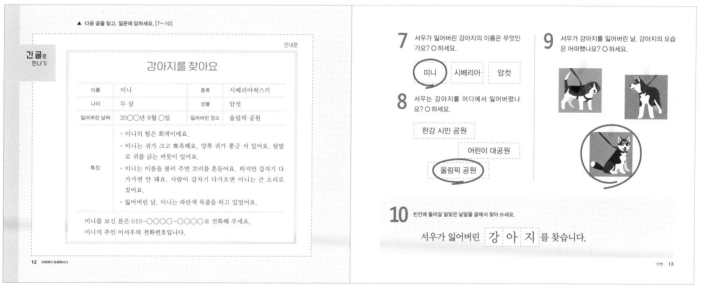

긴 글로 만나기

안내문

강아지를 찾아요

이름	미니	종류	시베리아허스키
나이	두 살	성별	암컷
잃어버린 날짜	20○○년 9월 ○일	잃어버린 장소	올림픽 공원
특징	• 미니의 털은 회색이에요. • 미니는 귀가 크고 뾰족해요. 양쪽 귀가 쫑긋 서 있어요. 뒷발로 귀를 긁는 버릇이 있어요. • 미니는 이름을 불러 주면 꼬리를 흔들어요. 하지만 갑자기 다가가면 안 돼요. 사람이 갑자기 다가오면 미니는 큰 소리로 짖어요. • 잃어버린 날, 미니는 파란색 목줄을 하고 있었어요.		

미니를 보신 분은 010-○○○○-○○○○로 전화해 주세요.
미니의 주인 이서우의 전화번호입니다.

12 어휘력이 독해력이다

7 서우가 잃어버린 강아지의 이름은 무엇인가요? ○하세요.

미니 / 시베리아 / 암컷

8 서우는 강아지를 어디에서 잃어버렸나요? ○하세요.

한강 시민 공원 / 어린이 대공원 / 올림픽 공원

9 서우가 강아지를 잃어버린 날, 강아지의 모습은 어떠했나요? ○하세요.

10 빈칸에 들어갈 알맞은 낱말을 글에서 찾아 쓰세요.

서우가 잃어버린 강 아 지 를 찾습니다.

1단원 13

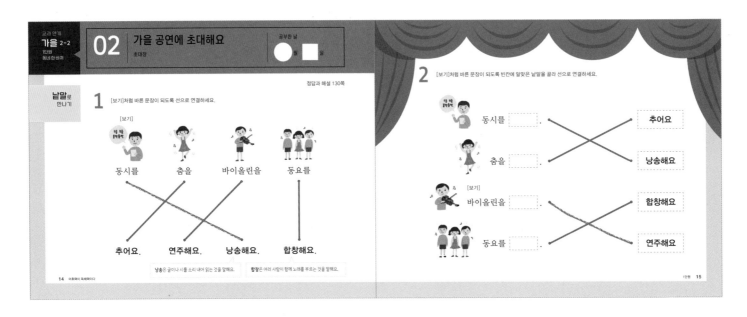

〈초대장〉

초대장은 모임, 행사 등에 초대하기 위해 쓴 글이에요. 이 글은 학생들의 가을 공연에 부모님들을 초대하기 위해 쓴 글이에요.

 더 알아보기

초대장에 들어가야 할 내용

- **행사 이름** : 어떤 행사에 초대하는지 써요.
- **날짜, 장소, 시간** : 언제, 어디에서 하는지 구체적으로 정확하게 써요.
- **받는 사람, 보내는 사람** : 누가 받고, 누가 보내는지 써요.

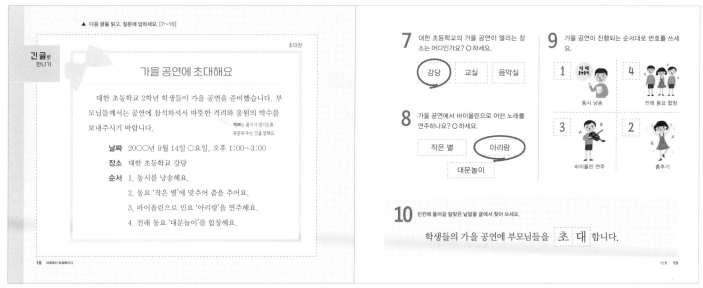

03. 도서관 이용 규칙 / 20~25쪽

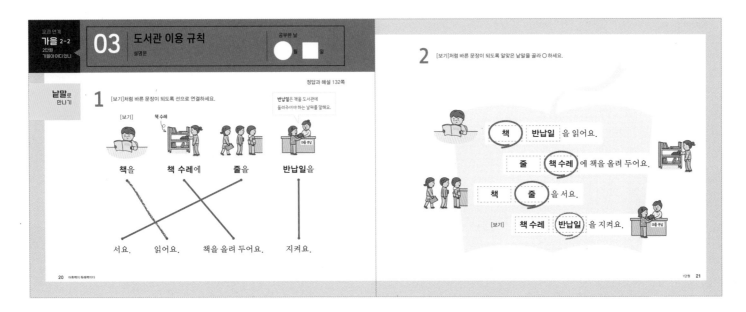

〈설명문〉

설명문은 지식이나 정보를 전달하기 위해 쓴 글이에요. 이 글은 도서관 이용 규칙을 설명하는 글이에요.

 더 알아보기

도서관에서 지켜야 할 일

- 책에 낙서를 하거나 책을 찢지 않아요.
- 큰 소리로 말하거나 뛰어다니지 않아요.
- 책을 소리 내어 읽거나 책장을 소리 내어 넘기지 않아요.
- 도서관에서 빌린 책은 반납일을 지켜서 반납해요.

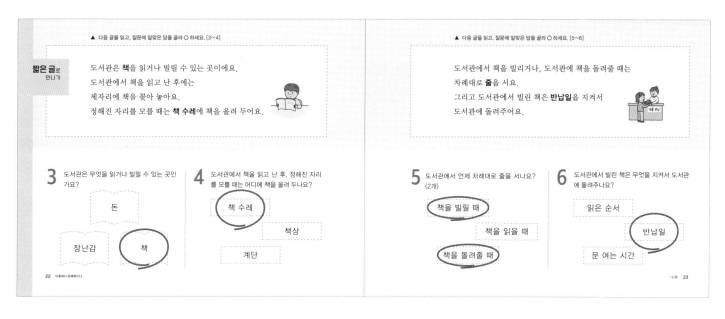

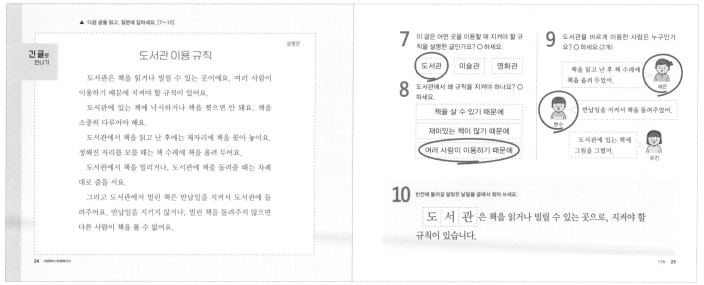

04. 세계 여러 나라의 인사 방법 / 26~31쪽

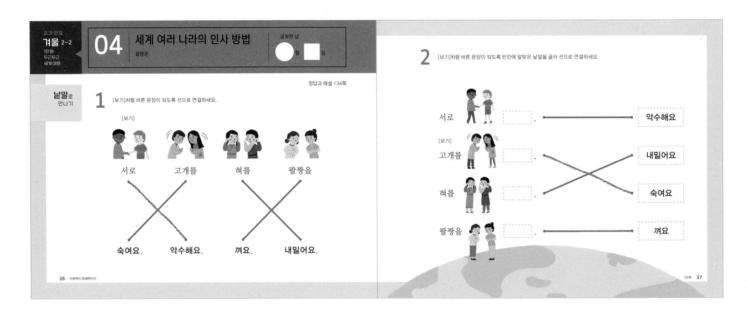

〈설명문〉

설명문은 지식이나 정보를 전달하기 위해 쓴 글이에요. 이 글은 세계 여러 나라의 인사 방법을 설명하는 글이에요.

 더 알아보기

세계의 다양한 인사 방법

인도네시아 | 인도네시아에서는 오른손으로 악수를 한 후, 자신의 이마에 상대의 손등을 살짝 갖다 대며 인사해요.

이스라엘 | 이스라엘에서는 '샬롬'이라고 말하면서, 상대의 어깨를 살짝 주물러 주며 인사해요.

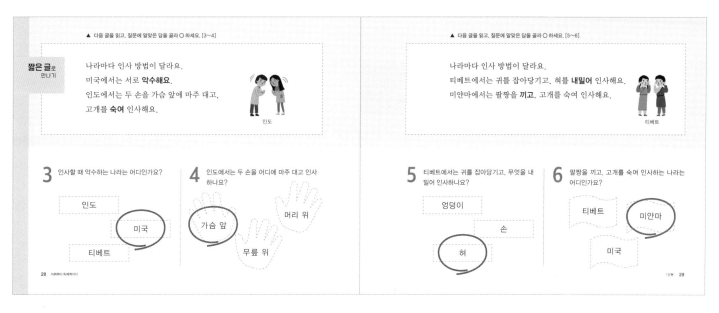

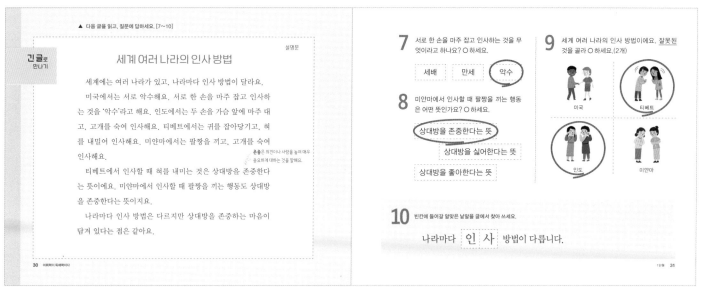

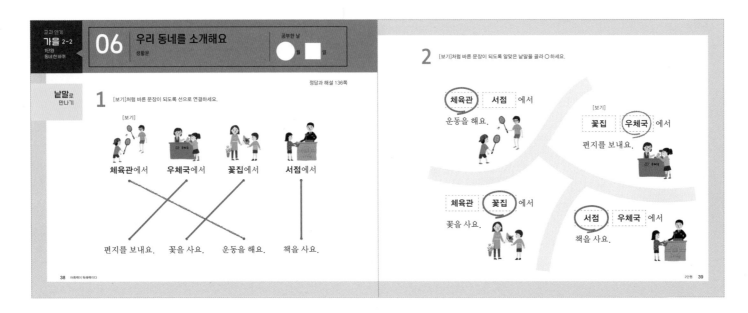

〈생활문〉

생활문은 일상생활에서 겪은 일을 중심으로 쓴 글이에요. 이 글은 동네에 있는 여러 장소에 대한 글이에요.

 더 알아보기

공공 기관

주민의 이익을 위해 일하는 기관을 '공공 기관'이라고 해요. 공공 기관은 주민이 편리하고, 안전하게 생활할 수 있도록 도와주지요. 경찰서, 소방서, 보건소, 우체국, 주민 센터, 도서관 등이 바로 공공 기관이에요.

※ 주민 : 일정한 지역 안에 살고 있는 사람을 말해요.

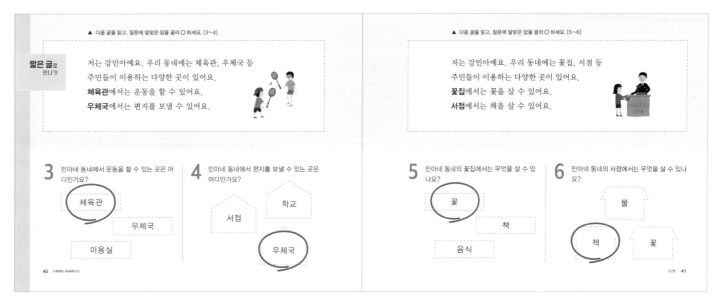

▲ 다음 글을 읽고, 질문에 알맞은 답을 골라 ○하세요. [3~4]

짧은 글로 만나기

저는 강민아예요. 우리 동네에는 체육관, 우체국 등 주민들이 이용하는 다양한 곳이 있어요.
체육관에서는 운동을 할 수 있어요.
우체국에서는 편지를 보낼 수 있어요.

3 민아네 동네에서 운동을 할 수 있는 곳은 어디인가요?

(체육관), 우체국, 미용실

4 민아네 동네에서 편지를 보낼 수 있는 곳은 어디인가요?

학교, 서점, (우체국)

▲ 다음 글을 읽고, 질문에 알맞은 답을 골라 ○하세요. [5~6]

저는 강민아예요. 우리 동네에는 꽃집, 서점 등 주민들이 이용하는 다양한 곳이 있어요.
꽃집에서는 꽃을 살 수 있어요.
서점에서는 책을 살 수 있어요.

5 민아네 동네의 꽃집에서는 무엇을 살 수 있나요?

(꽃), 책, 음식

6 민아네 동네의 서점에서는 무엇을 살 수 있나요?

물, (책), 꽃

40 어휘력이 독해력이다

2단원 41

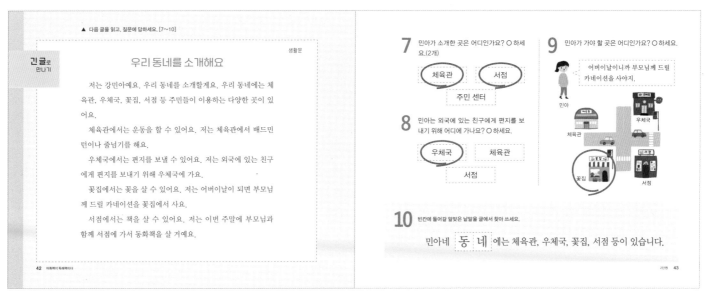

▲ 다음 글을 읽고, 질문에 답하세요. [7~10]

긴 글로 만나기

생활문

우리 동네를 소개해요

저는 강민아예요. 우리 동네를 소개할게요. 우리 동네에는 체육관, 우체국, 꽃집, 서점 등 주민들이 이용하는 다양한 곳이 있어요.

체육관에서는 운동을 할 수 있어요. 저는 체육관에서 배드민턴이나 줄넘기를 해요.

우체국에서는 편지를 보낼 수 있어요. 저는 외국에 있는 친구에게 편지를 보내기 위해 우체국에 가요.

꽃집에서는 꽃을 살 수 있어요. 저는 어버이날이 되면 부모님께 드릴 카네이션을 꽃집에서 사요.

서점에서는 책을 살 수 있어요. 저는 이번 주말에 부모님과 함께 서점에 가서 동화책을 살 거예요.

7 민아가 소개한 곳은 어디인가요? ○하세요.(2개)

(체육관), (서점), 주민 센터

8 민아는 외국에 있는 친구에게 편지를 보내기 위해 어디에 가나요? ○하세요.

(우체국), 체육관, 서점

9 민아가 가야 할 곳은 어디인가요? ○하세요.

어버이날이니까 부모님께 드릴 카네이션을 사야지.

10 빈칸에 들어갈 알맞은 낱말을 글에서 찾아 쓰세요.

민아네 동 네 에는 체육관, 우체국, 꽃집, 서점 등이 있습니다.

42 어휘력이 독해력이다

2단원 43

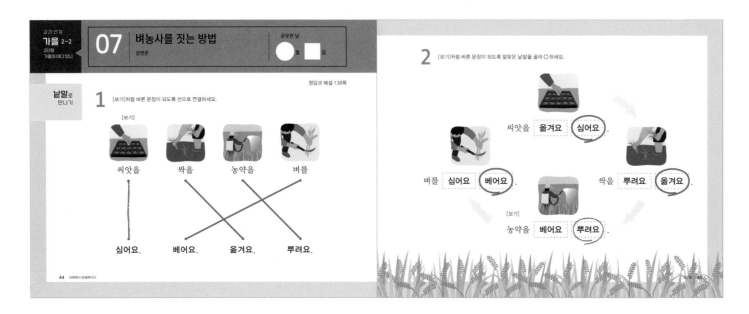

〈설명문〉

설명문은 지식이나 정보를 전달하기 위해 쓴 글이에요. 이 글은 벼농사를 짓는 방법을 설명하는 글이에요.

 더 알아보기

논과 밭의 차이점

논은 벼농사를 짓기 위해 물을 막아 가둬 놓은 땅이에요. 논은 물을 채워서 농사를 짓기 때문에 논에는 항상 물이 있어요. 논에서는 벼뿐만 아니라 미나리, 연근 등을 재배하기도 해요.
밭은 물을 담아 두지 않고 곡식이나 채소를 심어 농사를 짓는 땅이에요. 밭은 필요할 때만 물을 주면서 농사를 지어요. 밭에서는 배추, 무, 보리, 감자, 고구마 등 다양한 작물을 재배해요.

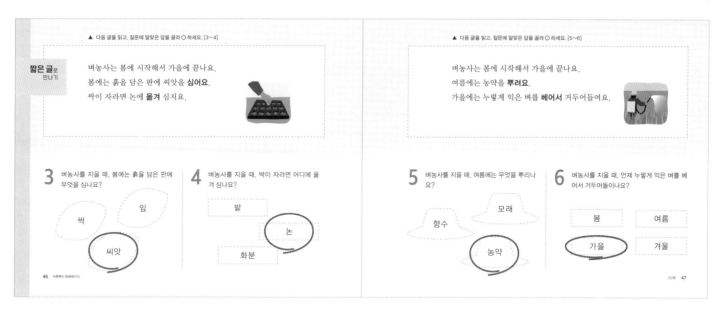

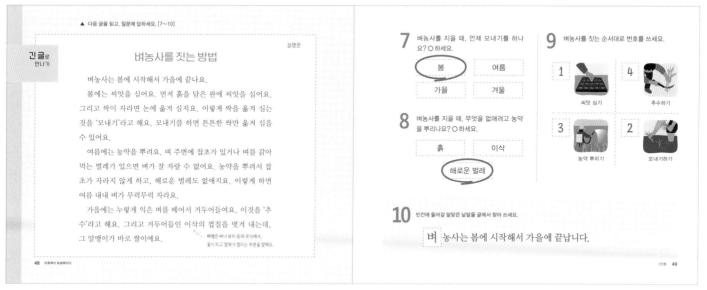

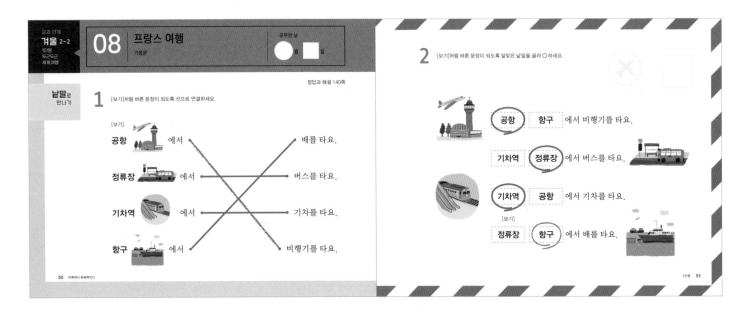

〈기행문〉

기행문은 여행하면서 보고, 듣고, 느끼고, 겪은 것을 쓴 글이에요. 이 글은 프랑스를 여행하면서 겪은 것, 느낀 것 등을 쓴 글이에요.

➕ 더 알아보기

비행기를 탈 때 지켜야 할 일

• 비행기에서는 정해진 자리에 앉아요.
• 비행기의 안전 교육을 집중해서 잘 들어요.
• 비행기의 앞좌석 등받이에 발을 올리지 않아요.

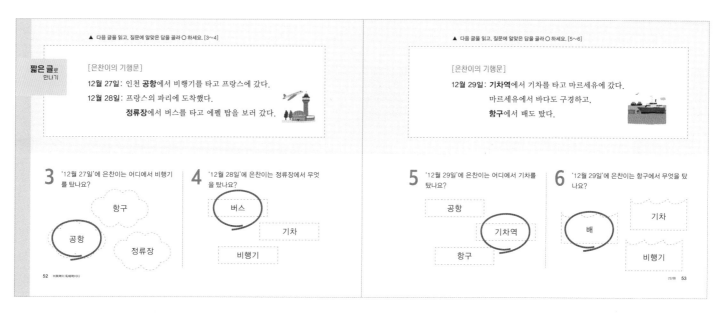

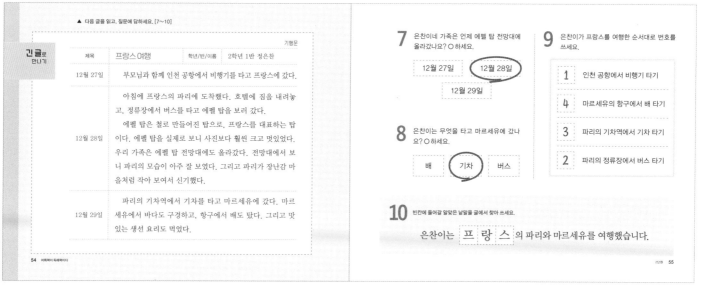

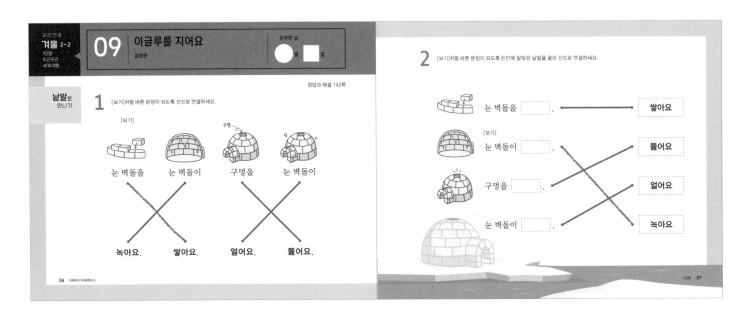

〈설명문〉

설명문은 지식이나 정보를 전달하기 위해 쓴 글이에요. 이 글은 이글루를 짓는 방법을 설명하는 글이에요.

북극 지방 사람들의 집, 이글루

북극 지방 사람들은 사냥을 하며 살았어요. 사냥을 하러 먼 길을 떠나기도 했지요. 그때 주변에서 쉽게 구할 수 있는 눈을 이용해 이글루를 만들었어요. 이글루에서 밤을 보내고, 다음 날 다시 사냥을 떠났지요.

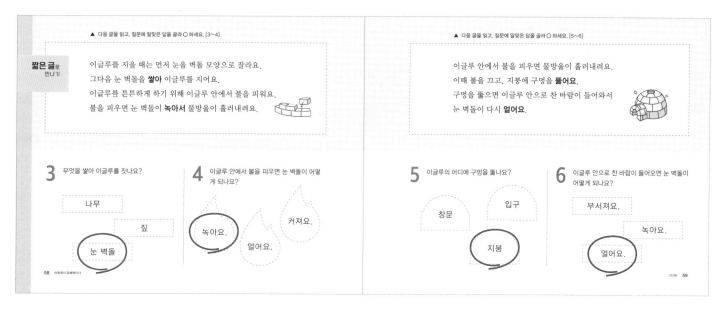

짧은글로 만나기

이글루를 지을 때는 먼저 눈을 벽돌 모양으로 잘라요.
그다음 눈 벽돌을 **쌓아** 이글루를 지어요.
이글루를 튼튼하게 하기 위해 이글루 안에서 불을 피워요.
불을 피우면 눈 벽돌이 **녹아서** 물방울이 흘러내려요.

3 무엇을 쌓아 이글루를 짓나요?

나무
짚
(눈 벽돌)

4 이글루 안에서 불을 피우면 눈 벽돌이 어떻게 되나요?

(녹아요.)
얼어요.
커져요.

이글루 안에서 불을 피우면 물방울이 흘러내려요.
이때 불을 끄고, 지붕에 구멍을 **뚫어요.**
구멍을 뚫으면 이글루 안으로 찬 바람이 들어와서
눈 벽돌이 다시 **얼어요.**

5 이글루의 어디에 구멍을 뚫나요?

창문
입구
(지붕)

6 이글루 안으로 찬 바람이 들어오면 눈 벽돌이 어떻게 되나요?

부서져요.
녹아요.
(얼어요.)

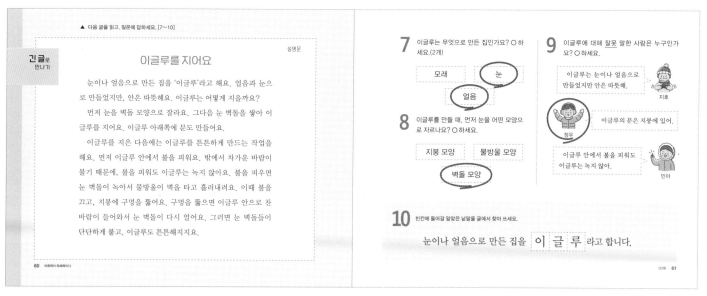

긴글로 만나기

설명문

이글루를 지어요

눈이나 얼음으로 만든 집을 '이글루'라고 해요. 얼음과 눈으로 만들었지만, 안은 따뜻해요. 이글루는 어떻게 지을까요?

먼저 눈을 벽돌 모양으로 잘라요. 그다음 눈 벽돌을 쌓아 이글루를 지어요. 이글루 아래쪽에 문도 만들어요.

이글루를 지은 다음에는 이글루를 튼튼하게 만드는 작업을 해요. 먼저 이글루 안에서 불을 피워요. 밖에서 차가운 바람이 불기 때문에, 불을 피워도 이글루는 녹지 않아요. 불을 피우면 눈 벽돌이 녹아서 물방울이 벽을 타고 흘러내려요. 이때 불을 끄고, 지붕에 구멍을 뚫어요. 구멍을 뚫으면 이글루 안으로 찬 바람이 들어와서 눈 벽돌이 다시 얼어요. 그러면 눈 벽돌들이 단단하게 붙고, 이글루도 튼튼해지지요.

7 이글루는 무엇으로 만든 집인가요? ○ 하세요. (2개)

모래
(눈)
(얼음)

8 이글루를 만들 때, 먼저 눈을 어떤 모양으로 자르나요? ○ 하세요.

지붕 모양
물방울 모양
(벽돌 모양)

9 이글루에 대해 잘못 말한 사람은 누구인가요? ○ 하세요.

이글루는 눈이나 얼음으로 만들었지만 안은 따뜻해.
지호

(이글루의 문은 지붕에 있어.)
정우

이글루 안에서 불을 피워도 이글루는 녹지 않아.
민아

10 빈칸에 들어갈 알맞은 낱말을 글에서 찾아 쓰세요.

눈이나 얼음으로 만든 집을 | 이 | 글 | 루 | 라고 합니다.

11. 소금 장수와 기름 장수 / 68~73쪽

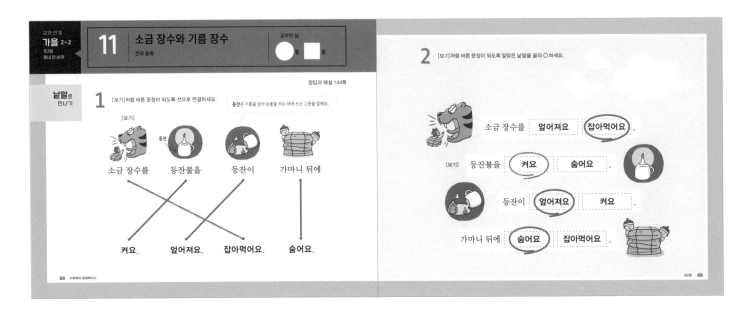

더 알아보기

〈전래 동화〉

전래 동화는 옛날부터 전해 내려오는 이야기를 말해요. 이 글은 소금 장수와 기름 장수의 이야기예요.

소금은 어떻게 만들까요?

소금을 만들기 위해서는 염전이 필요해요. '염전'은 바닷물을 끌어들여 논처럼 만들어 놓은 곳을 말해요. 염전의 바닷물이 햇볕에 마르면 소금이 만들어져요.

▲염전

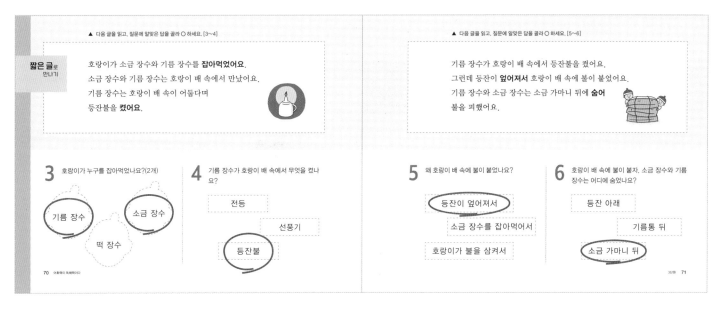

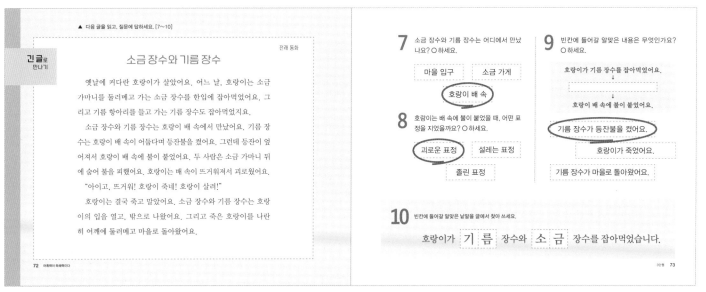

▲ 다음 글을 읽고, 질문에 알맞은 답을 골라 ○하세요. [3~4]

짧은 글로 만나기

호랑이가 소금 장수와 기름 장수를 **잡아먹었어요.**
소금 장수와 기름 장수는 호랑이 배 속에서 만났어요.
기름 장수는 호랑이 배 속이 어둡다며
등잔불을 켰어요.

3 호랑이가 누구를 잡아먹었나요?(2개)

기름 장수   소금 장수   떡 장수

4 기름 장수가 호랑이 배 속에서 무엇을 켰나요?

전등   선풍기   등잔불

70 어휘레이 독해력이다

▲ 다음 글을 읽고, 질문에 알맞은 답을 골라 ○하세요. [5~6]

기름 장수가 호랑이 배 속에서 등잔불을 켰어요.
그런데 등잔이 **엎어져서** 호랑이 배 속에 불이 붙었어요.
기름 장수와 소금 장수는 소금 가마니 뒤에 **숨어**
불을 피했어요.

5 왜 호랑이 배 속에 불이 붙었나요?

등잔이 엎어져서   소금 장수를 잡아먹어서   호랑이가 불을 삼켜서

6 호랑이 배 속에 불이 붙자, 소금 장수와 기름 장수는 어디에 숨었나요?

등잔 아래   기름통 뒤   소금 가마니 뒤

3단원 71

▲ 다음 글을 읽고, 질문에 답하세요. [7~10]

긴 글로 만나기

전래 동화

소금 장수와 기름 장수

옛날에 커다란 호랑이가 살았어요. 어느 날, 호랑이는 소금 가마니를 둘러메고 가는 소금 장수를 한입에 잡아먹었어요. 그리고 기름 항아리를 들고 가는 기름 장수도 잡아먹었지요.

소금 장수와 기름 장수는 호랑이 배 속에서 만났어요. 기름 장수는 호랑이 배 속이 어둡다며 등잔불을 켰어요. 그런데 등잔이 엎어져서 호랑이 배 속에 불이 붙었어요. 두 사람은 소금 가마니 뒤에 숨어 불을 피했어요. 호랑이는 배 속이 뜨거워져서 괴로웠어요.

"아이고, 뜨거워! 호랑이 죽네! 호랑이 살려!"

호랑이는 결국 죽고 말았어요. 소금 장수와 기름 장수는 호랑이의 입을 열고, 밖으로 나왔어요. 그리고 죽은 호랑이를 나란히 어깨에 둘러메고 마을로 돌아왔어요.

72 어휘레이 독해력이다

7 소금 장수와 기름 장수는 어디에서 만났나요? ○하세요.

마을 입구   소금 가게   호랑이 배 속

8 호랑이는 배 속에 불이 붙었을 때, 어떤 표정을 지었을까요? ○하세요.

괴로운 표정   설레는 표정   졸린 표정

9 빈칸에 들어갈 알맞은 내용은 무엇인가요? ○하세요.

호랑이가 기름 장수를 잡아먹었어요.
↓
↓
호랑이 배 속에 불이 붙었어요.

기름 장수가 등잔불을 켰어요.   호랑이가 죽었어요.   기름 장수가 마을로 돌아왔어요.

10 빈칸에 들어갈 알맞은 낱말을 글에서 찾아 쓰세요.

호랑이가 기 름 장수와 소 금 장수를 잡아먹었습니다.

3단원 73

12. 까만 콩 민철이 / 74~79쪽

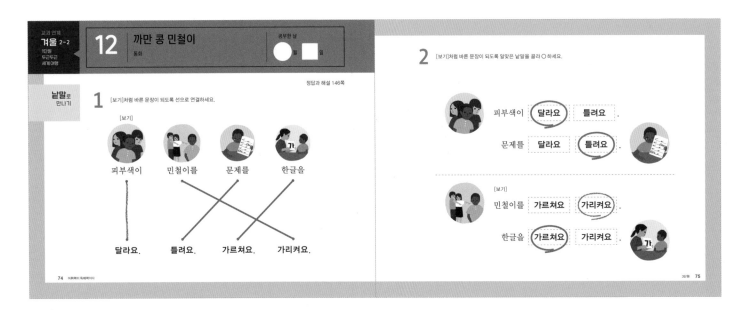

 〈동화〉

동화는 글쓴이가 있음 직한
이야기를 상상하여 어린이를
위해서 쓴 글이에요. 이 글은
다문화 가정 자녀인 민철이의
이야기예요.

 더 알아보기

다양한 가족의 모습

다문화 가족 | 서로 다른 국적이나 문화를 가진 사람들로 이루어진 가족

조손 가족 | 조부모(할아버지와 할머니)와 손자 혹은 손녀로 이루어진 가족

한 부모 가족 | 아버지나 어머니 중 한 사람과 자녀로 이루어진 가족

핵가족 | 부모와 결혼하지 않은 자녀로 이루어진 가족

※ **국적** : 한 나라의 구성원이 되는 자격을 말해요.

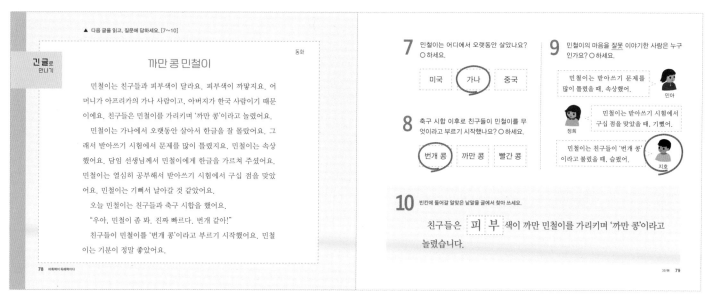

13. 피노키오 / 80~85쪽

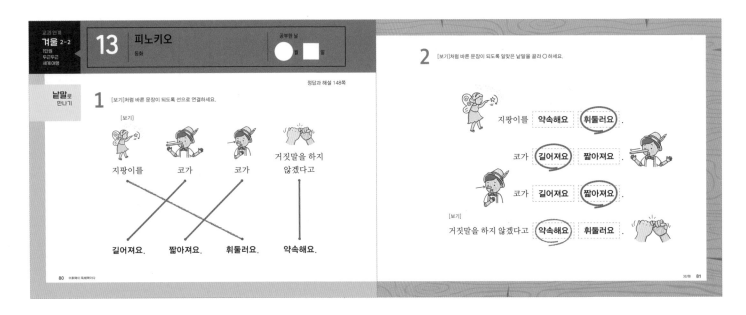

〈동화〉

동화는 글쓴이가 있음 직한 이야기를 상상하여 어린이를 위해서 쓴 글이에요. 이 글은 피노키오의 이야기예요.

✚ 더 알아보기

이야기를 실감 나게 읽는 방법

• 장면을 머릿속에 떠올리며 읽어요.
• 목소리의 크기를 알맞게 하고 읽어요.
• 인물의 모습과 상황을 상상하며 읽어요. 기쁘거나, 즐거울 때는 크고 활기찬 목소리로 읽어요. 슬프거나, 아플 때는 힘없고 느린 목소리로 읽어요.

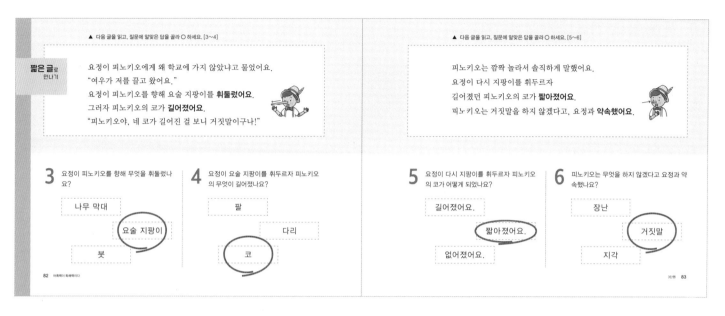

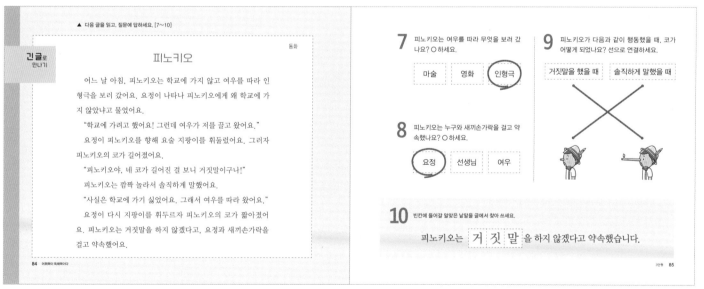

14. 동물들의 겨울나기 / 86~91쪽

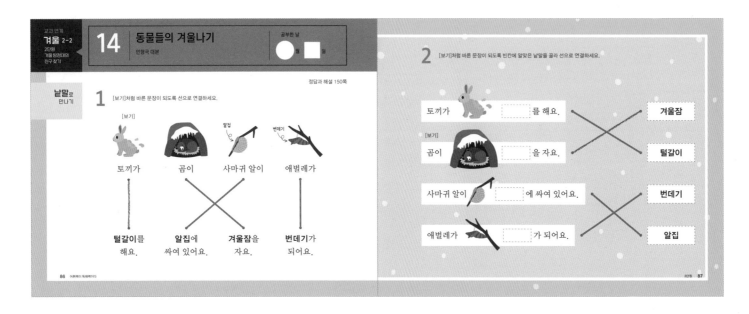

더 알아보기

〈인형극 대본〉

대본은 연극이나 영화에서, 대사나 장면의 설명 등을 적어 놓은 글이에요. 이 글은 동물들이 나오는 인형극의 대본이에요.

북극곰도 겨울잠을 잘까요?

곰은 겨울잠을 자는 동물이에요. 하지만 북극곰은 겨울잠을 자지 않아요. 북극곰이 사는 북극 지역은 일 년 내내 얼음과 눈으로 덮여 있는 추운 지역이에요. 북극곰은 이런 지역에서도 살아갈 수 있도록 몸이 가죽과 따뜻한 털로 덮여 있어요. 그래서 겨울잠을 자지 않고도 겨울을 잘 지낼 수 있지요.

짧은 글로 **만나기**

[인형극 대본]

추운 겨울이 다가오자 동물들이 겨울나기를 준비한다.

토끼: 나는 서울이 되면 **털갈이**를 해.

곰: 나는 겨울이 되면 동굴에서 **겨울잠**을 자.

3 겨울이 되면 털갈이를 하는 동물은 무엇인가요?

토끼

사마귀

애벌레

4 곰은 겨울이 되면 어디에서 겨울잠을 자나요?

물속

알집

동굴

88 어휘력이 독해력이다

[인형극 대본]

추운 겨울이 다가오자 동물들이 겨울나기를 준비한다.

사마귀: 사마귀 알은 **알집**에 싸여 겨울을 지내.

애벌레: 나는 겨울이 되면 **번데기**가 되지.

5 사마귀 알은 무엇에 싸여 겨울을 지내나요?

바위 밑

땅속

알집

6 애벌레는 겨울이 되면 무엇이 되나요?

올챙이

번데기

알

3단원 89

긴 글로 **만나기**

인형극 대본

동물들의 겨울나기

추운 겨울이 다가오자 동물들이 겨울나기를 준비한다.

토끼: (깡충깡충 뛰어오며) 나는 겨울이 되면 털갈이를 해. 오래 된 털이 빠지고, 새로운 털이 나. 그래서 따뜻하게 겨울을 보낼 수 있지.

곰: (동굴로 어슬렁어슬렁 걸어가며) 나는 겨울이 되면 동굴에 서 겨울잠을 자.

사마귀: (알집을 토닥토닥 두드리며) 사마귀 알은 어미 사마귀가 만든 이 알집에 싸여 겨울을 지내.

애벌레: (꾸물꾸물 기어가며) 나는 겨울이 되면 번데기가 되지. 따뜻한 봄이 오면 나비가 되어서 하늘을 날아다닐 거야.

동물들이 봄에 만나자는 인사를 하고, 헤어진다.

90 어휘력이 독해력이다

7 동물들이 무엇을 준비하고 있나요? ○ 하세요.

겨울나기   여름나기

8 애벌레는 봄이 오면 무엇이 된다고 했나요? ○ 하세요.

벌   나비   잠자리

9 동물들이 겨울나기를 준비해요. 잘못된 것은 무엇인가요? ○ 하세요.

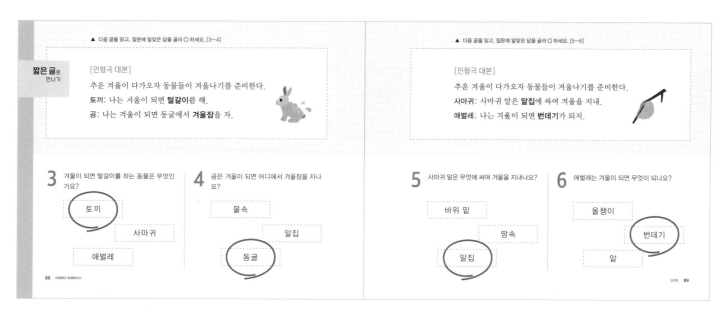

나는 털갈이를 해. 토끼

나는 나무 위에서 겨울잠을 자. 곰

사마귀 알은 알집에 싸여 겨울을 지내. 사마귀

나는 번데기가 되지. 애벌레

10 빈칸에 들어갈 알맞은 낱말을 글에서 찾아 쓰세요.

토끼, 곰, 사마귀, 애벌레가 **겨 울 나 기** 를 준비합니다.

3단원 91

16. 병원에 갔어요 / 98~103쪽

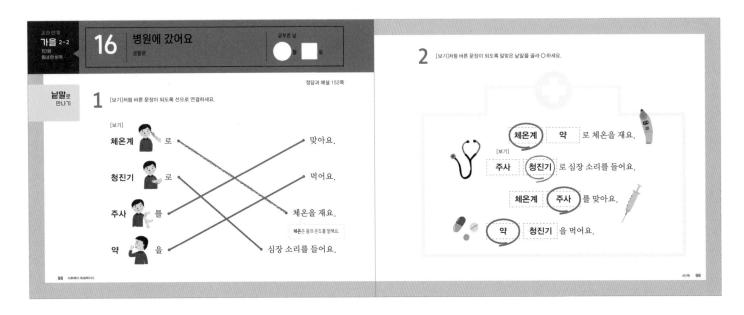

 더 알아보기

〈생활문〉

생활문은 일상생활에서 겪은 일을 중심으로 쓴 글이에요. 일기나 편지, 감상문 등이 생활문이에요. 이 글은 병원에서 겪은 일에 대한 글이에요.

감기를 예방하는 방법

- 잠을 충분히 자요.
- 꾸준히 운동해서 면역력을 길러요.
- 외출 후에 집에 돌아오면 손을 깨끗하게 씻어요.
- 좋아하는 음식만 가려서 먹지 않고 채소, 과일 등 골고루 먹어요.

※ **면역력** : 세균이나 바이러스 등이 우리 몸을 아프게 하지 않도록, 우리 몸을 지킬 수 있는 힘을 말해요.

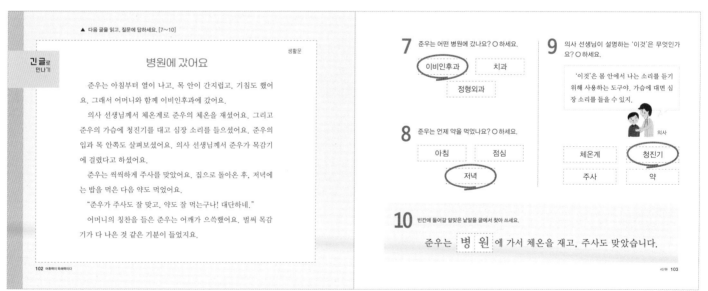

17. 가을 열매 관찰 보고서 / 104~109쪽

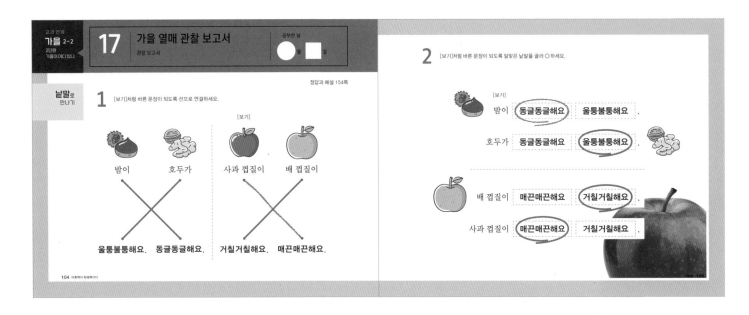

✏️ 〈관찰 보고서〉

관찰 보고서는 사물이나 현상을 관찰한 내용과 그에 대한 느낌을 쓴 글이에요. 이 글은 가을에 열리는 열매를 관찰하고 쓴 글이에요.

➕ 더 알아보기

가을에 수확하는 과일

사과 ┃ 사과는 잼이나 식초, 주스를 만들어 먹을 수 있어요.

감 ┃ 감은 껍질을 벗긴 후 말려서 곶감으로 먹을 수 있어요. 감 껍질을 말려서 떡에 넣어 먹기도 해요.

대추 ┃ 대추는 말려서 떡이나 약밥 등에 넣어 먹어요. 차나 음료수로 마시기도 해요.

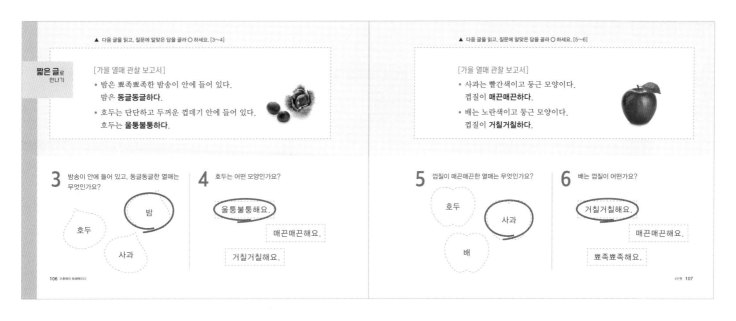

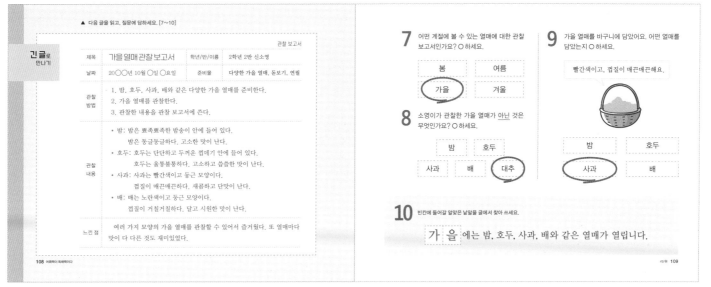

18. 빨간 코 루돌프 / 110~115쪽

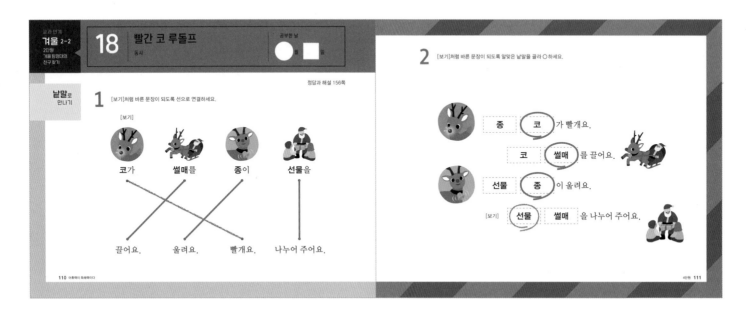

 〈동시〉

동시는 어린이가 쓰거나 어른이 어린이의 마음에 맞추어 쓴 시를 말해요. 이 글은 루돌프에 대한 동시예요.

 더 알아보기

루돌프의 코는 왜 빨간색일까요?

루돌프는 어떤 동물일까요? 흔히 루돌프를 사슴이라고 생각하지만, 사실 루돌프는 순록이에요. 순록은 북극 지역에 살아요. 루돌프의 코가 빨간 이유는, 순록의 코에서 열이 나기 때문이에요. 순록의 코에는 털이 없는 대신 가느다란 모세 혈관이 촘촘하게 모여 있어요. 혈관에 피가 모여서 북극의 추위를 잘 견딜 수 있는 거랍니다.

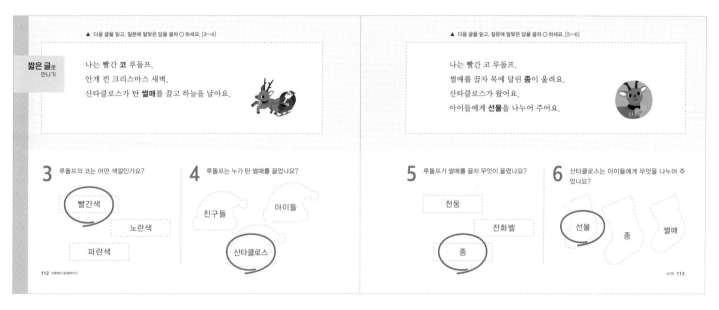

짧은 글로 만나기

나는 빨간 **코** 루돌프.
안개 낀 크리스마스 새벽,
산타클로스가 탄 **썰매**를 끌고 하늘을 날아요.

3 루돌프의 코는 어떤 색깔인가요?

빨간색
노란색
파란색

4 루돌프는 누가 탄 썰매를 끌었나요?

친구들
아이들
산타클로스

112 어휘력이 독해력이다

나는 빨간 코 루돌프.
썰매를 끌자 목에 달린 **종**이 울려요.
산타클로스가 왔어요.
아이들에게 **선물**을 나누어 주어요.

5 루돌프가 썰매를 끌자 무엇이 울렸나요?

천둥
전화벨
종

6 산타클로스는 아이들에게 무엇을 나누어 주었나요?

선물
종
썰매

4단원 113

긴 글로 만나기

동시

빨간 코 루돌프

나는 빨간 코 루돌프
반짝반짝 빛나는 빨간 코 루돌프

안개 낀 크리스마스 새벽
산타클로스가 탄 썰매를 끌고 하늘을 날아요
반짝반짝 빛나는 빨간 코로
안개 낀 하늘을 밝게 비추어요

썰매를 끌자 목에 달린 종이 울려요
딸랑딸랑 종소리로 알려요
산타클로스가 왔어요
아이들에게 선물을 나누어 주어요

자랑스러운 나의 빨간 코
나는 빨간 코 루돌프

114 어휘력이 독해력이다

7 루돌프는 언제 산타클로스가 탄 썰매를 끌었나요? ○하세요.

크리스마스
설날
추석

8 루돌프는 자신의 무엇을 자랑스러워했나요? ○하세요.

커다란 뿔
빨간 코
튼튼한 다리

9 루돌프는 어떤 모습인가요? ○하세요.

10 빈칸에 들어갈 알맞은 낱말을 글에서 찾아 쓰세요.

루 돌 프 의 코는 반짝반짝 빛나는 빨간 코입니다.

4단원 115

19. 겨울철 식물 보호하기 / 116~121쪽

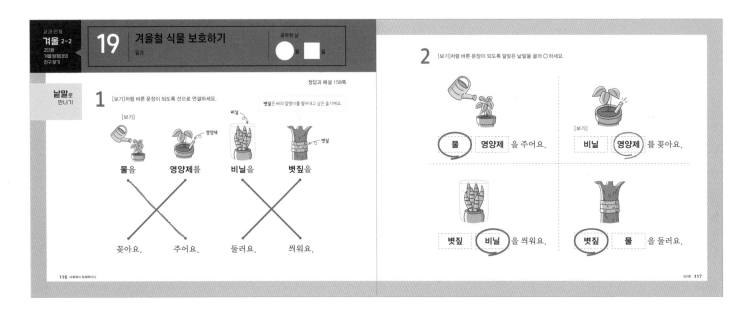

〈일기〉

일기는 그날 있었던 일 중에서 인상 깊었던 일과 그 일에 대한 생각을 쓴 글이에요. 이 글은 식물이 겨울을 잘 보낼 수 있도록 도와준 날에 쓴 일기예요.

 더 알아보기

겨울이 되면 왜 나뭇잎이 떨어질까요?

대부분의 나무는 날씨가 추워지면 나뭇잎을 모두 떨어뜨려요. 나뭇잎은 나무의 뿌리에서 빨아올린 물과 햇빛으로 영양분을 만들어요. 하지만 날씨가 추워지면 땅속도 차가워지고 건조해서 물을 얻기가 쉽지 않아요. 또 햇빛이 비추는 시간도 짧지요. 그래서 나무는 추운 겨울이 되면 필요 없는 나뭇잎을 떨어뜨리는 거예요.

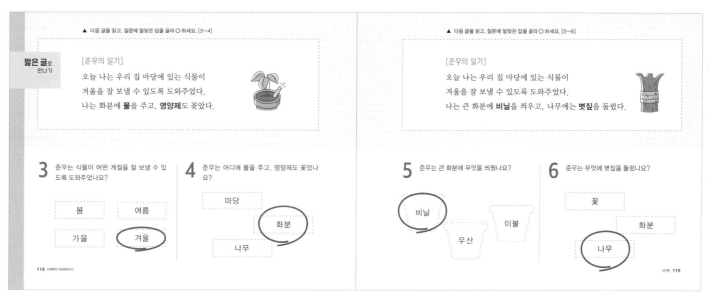

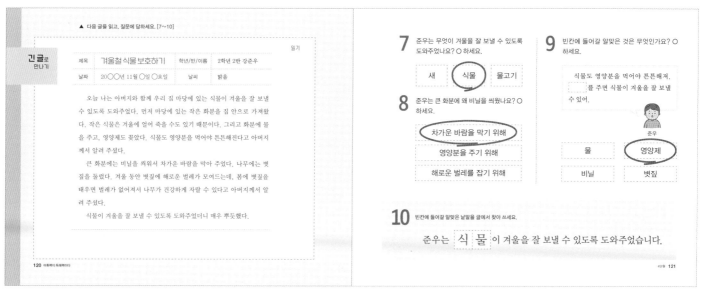

05

확인 학습
어휘 복습하기
1-4일

공부한 날
○ 월
□ 일

정답과 해설 160쪽

★ 강아지를 찾아요.

● 빈칸에 알맞은 낱말을 [보기]에서 골라 쓰세요.

[보기] 긁어요   서요   짖어요   흔들어요

귀가 서 요.

귀를 긁 어 요.

꼬리를 흔 들 어 요.

큰 소리로 짖 어 요.

★ 학생들이 가을 공연을 해요.

● 빈칸에 알맞은 낱말을 [보기]에서 골라 쓰세요.

[보기] 낭송해요   연주해요   추어요   합창해요

동시를 낭 송 해 요.

춤을 추 어 요.

바이올린을 연 주 해 요.

동요를 합 창 해 요.

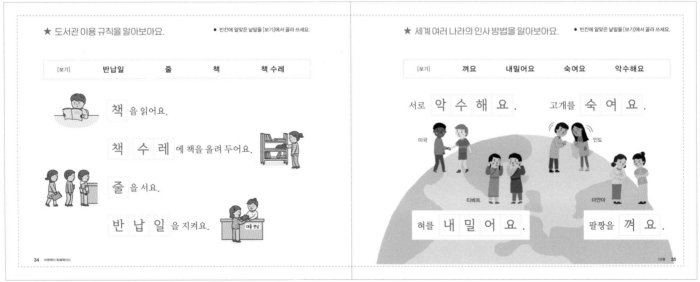

★ 도서관 이용 규칙을 알아보아요.

● 빈칸에 알맞은 낱말을 [보기]에서 골라 쓰세요.

[보기] 반납일   줄   책   책 수레

책 을 읽어요.

책 수 레 에 책을 올려 두어요.

줄 을 서요.

반 납 일 을 지켜요.

★ 세계 여러 나라의 인사 방법을 알아보아요.

● 빈칸에 알맞은 낱말을 [보기]에서 골라 쓰세요.

[보기] 껴요   내밀어요   숙여요   악수해요

서로 악 수 해 요.   고개를 숙 여 요.

미국

인도

티베트

미얀마

혀를 내 밀 어 요.   팔짱을 껴 요.

10. 확인 학습 / 62~65쪽

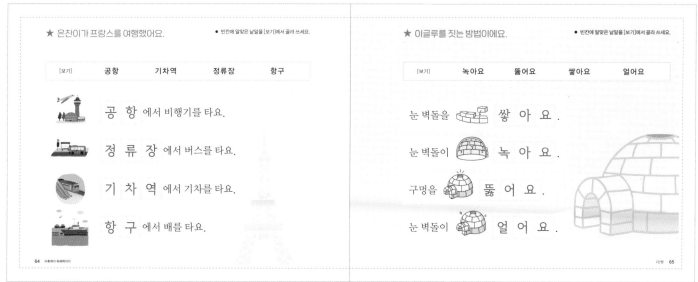

15. 확인 학습 / 92~95쪽

15

확인 학습
어휘 복습하기
11~14일

공부한 날

월

일

정답과 해설 162쪽

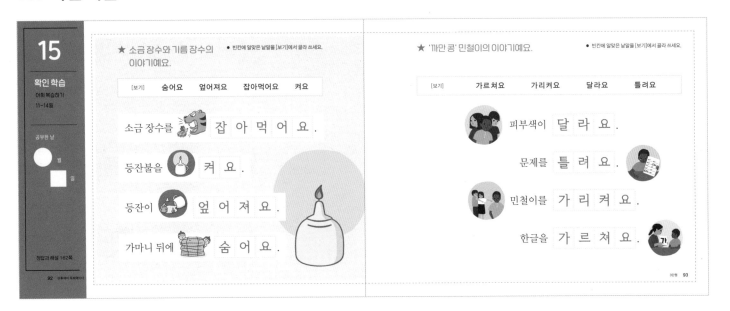

★ 소금 장수와 기름 장수의 이야기예요.

● 빈칸에 알맞은 낱말을 [보기]에서 골라 쓰세요.

[보기] 숨어요 엎어져요 잡아먹어요 켜요

소금 장수를 잡 아 먹 어 요 .

등잔불을 켜 요 .

등잔이 엎 어 져 요 .

가마니 뒤에 숨 어 요 .

★ '까만 콩' 민철이의 이야기예요.

● 빈칸에 알맞은 낱말을 [보기]에서 골라 쓰세요.

[보기] 가르쳐요 가리켜요 달라요 틀려요

피부색이 달 라 요 .

문제를 틀 려 요 .

민철이를 가 리 켜 요 .

한글을 가 르 쳐 요 .

★ 피노키오의 이야기예요.

● 빈칸에 알맞은 낱말을 [보기]에서 골라 쓰세요.

[보기] 길어져요 약속해요 짧아져요 휘둘러요

지팡이를 휘 둘 러 요 .

코가 길 어 져 요 .

코가 짧 아 져 요 .

거짓말을 하지 않겠다고 약 속 해 요 .

★ 동물들의 겨울나기를 알아보아요.

● 빈칸에 알맞은 낱말을 [보기]에서 골라 쓰세요.

[보기] 겨울잠 번데기 알집 털갈이

토끼가 털 갈 이 를 해요.

곰이 겨 울 잠 을 자요.

사마귀 알이 알 집 에 싸여 있어요.

애벌레가 번 데 기 가 되어요.

20. 확인 학습 / 122~125쪽

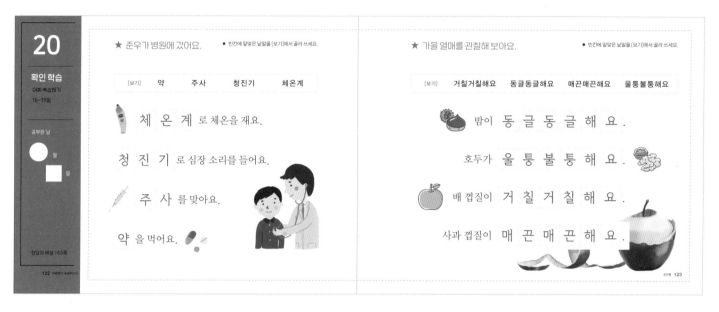

20

확인 학습
어휘 복습하기
16~19일

공부한 날
○ 월
□ 일

정답과 해설 163쪽

122 어휘력이 독해력이다

★ 준우가 병원에 갔어요.   ● 빈칸에 알맞은 낱말을 [보기]에서 골라 쓰세요.

[보기] 약   주사   청진기   체온계

체 온 계 로 체온을 재요.

청 진 기 로 심장 소리를 들어요.

주 사 를 맞아요.

약 을 먹어요.

★ 가을 열매를 관찰해 보아요.   ● 빈칸에 알맞은 낱말을 [보기]에서 골라 쓰세요.

[보기] 거칠거칠해요   동글동글해요   매끈매끈해요   울퉁불퉁해요

밤이 동 글 동 글 해 요 .

호두가 울 퉁 불 퉁 해 요 .

배 껍질이 거 칠 거 칠 해 요 .

사과 껍질이 매 끈 매 끈 해 요 .

4단원 123

★ 빨간 코를 가진 루돌프의 이야기예요.   ● 빈칸에 알맞은 낱말을 [보기]에서 골라 쓰세요.

[보기] 선물   썰매   종   코

코 가 빨개요.

썰 매 를 끌어요.

종 이 울려요.

선 물 을 나누어 주어요.

124 어휘력이 독해력이다

★ 겨울철에 식물을 보호하는 방법이에요.   ● 빈칸에 알맞은 낱말을 [보기]에서 골라 쓰세요.

[보기] 물   볏짚   비닐   영양제

물 을 주어요.

영 양 제 를 꽂아요.

비 닐 을 씌워요.

볏 짚 을 둘러요.

4단원 125